EL ÚLTIMO PAPA

EL ÚLTIMO PAPA

EDICIONES VIMAN, S.A. DE C.V.
COSECHADORES #13, COL. LOS CIPRESES
09810, MÉXICO, D.F.

1a. edición, abril 2007.

Cosechadores #13, Col. Los Cipreses
09810, México, D.F.
Tel. 20 65 33 94
ISBN: 968-9120-62-X
Miembro de la Cámara Nacional
de la Industria Editorial No 3427

Diseño de portada: Emigdio Guevara
Formación tipográfica: Rafael Rutiaga Cárdenas
Supervisor de producción: Leonardo Figueroa

Impreso en México - Printed in Mexico

ÍNDICE

El Papa no puede morirse 7

El calendario papal de San Malaquías 15

Contra Malaquías 21

El Apocalipsis: la fuente de todos los temores 25

Dudas sobre el verdadero perfil del anticristo 35

Advertencias marianas a la Iglesia 39

Los perturbadores secretos de Fátima 49

Manipulaciones en torno al tercer secreto 55

Garabandal contra la censura de la Iglesia 61

Nostradamus y el fin del papado 67

¿El siguiente Papa sería del Opus? 77

¿La guerra que predijo Malaquías? 87

"Dice el que da testimonio de estas cosas: Ciertamente vengo pronto".

(Apocalipsis, 22:20)

El Papa no puede morirse

El 9 de septiembre de 2003, la comitiva presidencial de la joven república de Eslovaquia, con el presidente Rudolf Schuster al frente, aguantaba como podía el viento frío que azotaba las pistas del aeropuerto de Bratislava. Debido a las bajas temperaturas, el acto para recibir a Karol Wojtyla, conocido en todo el mundo por su nombre de pontífice, Juan Pablo II, había sido reducido a la mínima expresión protocolaria; pero llevaban casi veinte minutos parados frente a la escalerilla del avión y nadie descendía por ella. Aquello sólo sería el comienzo de una serie de incidentes que no auguraban nada bueno sobre el estado en que se encontraba su Santidad, en su tercer viaje a la católica Eslovaquia.

Por fin, aparecieron los ayudantes del pontífice y se instaló la rampa automática en la que descendería sentado el Papa. No hubo ninguna explicación del retraso, aunque en todas las mentes se había barajado la posibilidad de una cancelación fulminante de la visita y que el avión volviera a despegar con dirección a Roma. Los hechos posteriores serían la mejor respuesta a aquellos veinte minutos de incertidumbre.

Cuando la silla del Papa se posó sobre la pista, nadie esperaba que realizara el gesto de agacharse para besar el suelo, como era su costumbre al llegar a cada país, pero lo que sí causó asombro fue que ni siquiera se pusiera en pie para escuchar los himnos respectivos. Con 83 años, Wojtyla parecía extremadamente cansado. Su cabeza aparecía vencida, con la barbilla clavada sobre el pecho y la mirada perdida, como si fuera completamente ajeno a lo que estaba sucediendo.

El director de la banda militar, advertido de la situación, aceleró lo más que pudo los compases. Y llegó el momento de los discursos. El texto del Papa se componía de seis párrafos cortos, perfectamente estudiados para expresar de forma concisa sus ideas y que tuviera las pausas suficientes para respirar. A pesar de que uno de sus ayudantes le había acercado el micrófono hasta casi rozarle los labios, su voz era prácticamente inaudible, además de indescifrable; sólo emitía una especie de resoplido ahogado que mostraba el patético esfuerzo de aquel hombre por hacerse entender.

Y entonces, al llegar al tercer párrafo, se hizo el silencio. Su Santidad miraba fijamente la hoja sin decir palabra. Los minutos pasaban y hasta hubo un conato de aplauso, pero los presentes desistieron ante la gravedad del momento. Las cámaras de televisión forzaban hasta el límite el primer plano para buscar algún indicio de lo que estaba ocurriendo, sin embargo, los ojos y los labios del Papa permanecían igual de inexpresivos. El tiempo seguía pasando y nadie parecía atreverse a mover un solo dedo, hasta que el obispo local, Robert Urland, agarró con decisión los papeles y continuó la lectura.

El intercambio de miradas entre los prelados asistentes mostraba su estupor, cuando no su hilaridad. Con aquel gesto, Urland, había dejado en evidencia a cuantos se empeñaban (como el portavoz del Vaticano, el español Juan Navarro Vals) en desmentir los rumores sobre el crítico estado de salud del pontífice. ¿Se había precipitado monseñor? Al fin y al cabo, no era la primera vez que el Papa había interrumpido un discurso por dificultades respiratorias, para retomarlo momentos después.

Posiblemente, Urland había considerado que aquella interrupción de varios minutos sobrepasaba el calificativo de momentánea; pero la mirada de Juan Pablo II, clavada en los papeles que el obispo tenía en la mano, le hizo desistir de inmediato. Con toda probabilidad, el Papa no era en absoluto consciente de que había permanecido callado durante tanto tiempo y por eso miraba asombrado como los folios del discurso había volado, como por milagro, de sus manos a las manos del obispo.

Finalmente, monseñor le indicó a su Santidad el último párrafo que quedaba por leer, y Wojtyla concluyó la lectura del discurso, que volvió a hacerse indescifrable.

¿Qué fue lo que paralizó a los asistentes, haciéndolos mirar para otro lado, como si se empeñaran en no admitir que aquel anciano estaba pasando un duro trance? ¿Qué pavorosa sensación interior impulsó a Juan Pablo II a continuar, completamente exhausto, la lectura del discurso, en vez de permitirle al obispo que siguiera leyendo? ¿Por qué resultaba tan terrible para todos (con el Papa incluido) aceptar que aquel pontificado estaba llegando a su fin?

Aquellas imágenes, produjeron un vuelco en el corazón de millones de católicos esparcidos por toda la Tierra. ¿Se estaba muriendo el Papa? La decadencia física del pontífice en sus últimas apariciones públicas era fácil de percibir. Su voz había perdido fuerza hasta hacerse casi ininteligible, se veía obligado a desplazarse sentado en una especie de "trono de ruedas", y un acelerado parkinson apenas le permitía mantener con dificultad la Sagrada Forma en su mano mientras la consagraba. Muchos creían ver en aquellas imágenes que transmitieron todas las televisiones del mundo las últimas escenas de una agonía. Una agonía que había impreso al rostro del pontífice la expresión de un dolor constante, apenas reprimido, dado el progresivo deterioro de su salud tras el atentado sufrido el 13 de mayo de 1981, cuando entraba en la plaza de San Pedro, del Vaticano.

Pero el temor despertado en muchos de los fieles a causa de la cercana pérdida de su Pastor, escondía otra inquietud que afectaba incluso a muchos otros creyentes, pertenecieran o no a la comunidad de la Iglesia romana. La probable muerte del Papa despertaba un sentimiento de expectación ante la confirmación futura de unos hechos que, según las más viejas tradiciones del Cristianismo, acontecerían a partir de su defunción. Unos hechos que están relacionados directamente con el reinado del anticristo, su derrota y, en consecuencia, con la Parusía, la segunda venida triunfal de Jesucristo y el Juicio Final.

La culpa de esta íntima turbación la tiene una antigua creencia que equipara el Fin de la Iglesia con el Fin de los Tiempos y que está fundada en textos del Apocalipsis, así como en las revelaciones hechas por la Virgen en sus últimas apariciones; pero, sobre todo, en una extraña profecía atribuida a un monje irlandés del siglo XII, conocido como San Malaquías.

El contenido de la profecía consta de 111 pequeños párrafos o divisas que van desde el Papa Celestino II (1143- 1144) hasta un texto que anuncia el Juicio Final bajo el pontificado de un tal Pedro el Romano, el 112o. Papa después de Celestino II. Cada párrafo haría referencia a los sucesivos Papas que Malaquías previó que existirían en el futuro, definidos por un lema que coincidiría con alguna de las características de aquellos.

Lo preocupante es que, si las predicciones del obispo irlandés son ciertas, el Papa Juan Pablo II ocuparía el puesto 110o., designado con el lema *"De labore solis"* (De los trabajos del sol) que algunos relacionan con el eclipse solar acaecido durante el nacimiento de Karol Wojtyla, el 18 de mayo de 1920. Eso supondría que sólo restan dos Papas para el fin de la Iglesia: el 111o. que recibe el lema de *"De gloria olivae"* (La gloria del olivo) y el último Papa *"Petrus romanus"*, bajo cuyo reinado acaecerá la terrible catástrofe, como se encarga de avisar el propio Malaquías:

> *"En la última persecución a la Santa Iglesia Romana ocupará la silla Pedro Romano, que habrá de apacentar a sus ovejas padeciendo muchas tribulaciones, pasadas las cuales la Ciudad de las Sietes Colinas (Roma) será destruida y el juez tremendo (Jesucristo) vendrá a juzgar a su pueblo".*

¿Estamos tan cerca de un acontecimiento de esa gravedad? Lo cierto es que esta profecía viene a coincidir con lo que se ha expuesto en los mensajes (algunos censurados) de la Virgen en apariciones tan famosas como las de Lourdes, Fátima o Garabandal, que hablan del fin de la Iglesia a causa de su degradación. Y si relacionamos estos signos con lo anunciado en el Apocalipsis de Juan (cap. XVII):

> *"[...] y vi a una mujer sentada sobre una bestia escarlata llena de nombres de blasfemia [...] Y la mujer estaba vestida de púrpura y escarlata, y adornada de oro, de piedras preciosas y de perlas, y tenía en la mano un cáliz de oro lleno de abominaciones y de la inmundicia de su fornicación. [...] Vi a la mujer ebria de la sangre de los santos, y de la sangre de los mártires de Jesús; y cuando la vi, quedé asombrado con gran asombro. [...] Y el ángel me dijo: ¿Por qué te asombras? Yo te diré el misterio de la mujer, y de la bestia que la trae, la cual tiene las siete cabezas [...] Las siete cabezas son siete montes, sobre los cuales se sienta la mujer [...]"*

No es de extrañar que muchos creyentes no las tengan todas consigo, por mucha fe que tengan en sus pastores espirituales y en la interpretación que estos hacen de las Escrituras. Interpretaciones, por otro lado, que aceptan por completo todos los horrores descritos, salvo excepción hecha de los que les afectan directamente a ellos.

¿Qué hay de cierto y qué de confusión tras estas profecías? ¿Estamos de verdad a las puertas del Fin de los Tiempos? ¿Ha llegado el momento del reino del anticristo? ¿Se identifica el Fin de los Tiempos con el Fin del Mundo o sólo con el fin de la Iglesia? Tal vez la clave de todas estas cuestiones se encuentra ya ante nuestros ojos en forma de señales que en este libro nos esforzaremos en desentrañar. Creer que éstas son ciertas o simplemente producto de la superstición, es decisión exclusiva del lector. Lo único que sabemos es que algo está pasando, y más de uno no puede pegar ojo cuando la noche cae sobre las estancias del Vaticano.

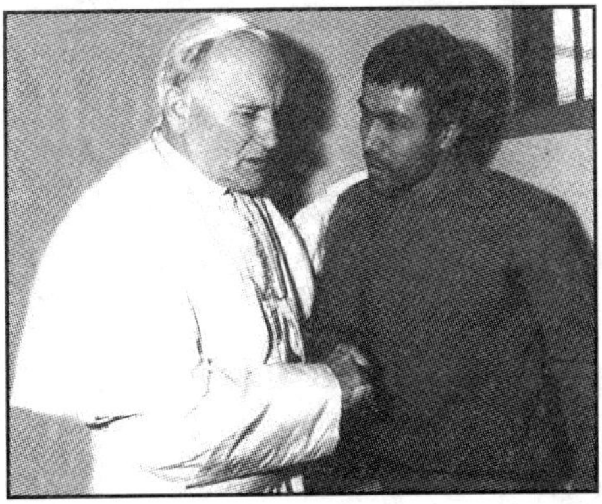

Juan Pablo II con Ali Agca, autor del atentado que casi le cuesta la vida.

Juan Pablo II traspuesto.

Durante una audiencia en Eslovaquia.

El calendario papal de San Malaquías

Las profecías de San Malaquías nacerán después de traspasarse, por fin, el angustioso umbral del primer milenio. La noche de San Silvestre de 999 habían sonado las doce campanadas y el mundo había seguido adelante, pese a los malos augurios. Se abría por tanto una nueva época de esperanza, donde el hombre de la Edad Media podía contemplar el futuro, al menos el más inmediato, con cierta tranquilidad.

Por esa época, en 1094, nació en Armagh, Irlanda, Malachy O'Morgair, que ya a los doce años convivía con el ermitaño Isma, lo que le lleva a decidirse por la vida religiosa. A los veinticinco años fue ordenado sacerdote y pasó a ser colaborador del arzobispo de su ciudad natal, Celso. Tras ser nombrado obispo de Connor, a causa de una rebelión se refugió en el condado de Kerry, donde fundó el monasterio de Ibrack. A la muerte de Celso fue nombrado su sucesor y se convirtió en arzobispo de Armagh; pero se topó con la oposición de varios obispos nombrados por los señores feudales en clara oposición al Papa. Entre los opositores se encontraba el obispo Nigel que intentó prenderlo, pero cuando iba a ser capturado un rayo del cielo fulminó al capitán de la tropa, que desistió aterrorizada por el prodigio. A pesar de las señales favorables del Cielo, San Malaquías se inclinó más por una vida humilde y retirada, dedicada a la meditación. Y así, en 1138, después de unos años de retiro, se dirigió a Roma para rogar al Papa que distinguiera a Irlanda con la máxima categoría dentro de la Iglesia. Durante su viaje se alojó en la abadía cisterciense de York y decidió conocer a su fundador, Bernardo de Clairvaux (el mismo que redactó la Regla de la Orden del Temple y gracias al cual, a través de su escrito *Vita Malachias*, conocemos los avatares de este santo), a quien lo uniría una gran amistad, cimentada en la colaboración para instruir a monjes. Un año más tarde, llegó a Roma, donde Inocencio II le concedió su petición. Volvió a Armagh y recorrió toda Irlanda para avivar la llama del Cristianismo. Fue cuando decidió realizar un segundo viaje a Roma, que cayó enfermo y se refugió en el monasterio cisterciense de Clairvaux. Anteriormente había predicho que en Clairvaux sería despojado de su cuerpo, el día de la Conmemoración de los Difuntos. Y, tal como lo dijo, así fue: en la madrugada del 2 de noviembre de 1148, festividad de Todos los Santos, moría San Malaquías, acompañado por San Bernardo. Este último, en su libro sobre la vida de Malaquías no menciona las célebres profecías de los pontífices, pero sí otras que tienen que ver con el destino de Irlanda:

> *"Irlanda sufrirá la opresión inglesa durante una semana de siglos, pero permanecerá fiel a*

Dios y a su Iglesia. Al término de este periodo, Irlanda será liberada y los ingleses, a su vez, sufrirán castigos. Sin embargo, Irlanda desempeñará un gran papel en el retorno de los ingleses a la verdadera fe".

En 1190, en vista de sus muchos milagros, entre los que se cuenta la curación instantánea del brazo de un muchacho al apoyarlo sobre su cadáver, fue canonizado por el Papa Clemente III.

Fue en 1595, cuando un monje benedictino publicó en Venecia una obra sobre los discípulos de San Benito. En esta obra, *Lignum Vitae* (El Árbol de la Vida) aparecía un comentario sobre San Malaquías:

"Poseemos tres cartas de San Bernardo dirigidas a él: las epístolas CCCXIII, CCCXVI y CCCXVII. Igualmente, sabemos de la existencia de algunos opúsculos, pero sólo contamos con una profecía sobre los Soberanos Pontificios. Como se trata de un texto no demasiado extenso y creemos que nunca ha sido publicado, lo reproducimos aquí para la curiosidad y el contento de muchos".

Se expone entonces una larga relación de 111 divisas latinas, donde se equipara el destino de la humanidad con el de los Papas, a partir de Celestino II, en 1144. En esta lista, los lemas que Malaquías atribuye a cada Papa tienen que ver con la descripción de su escudo nobiliario o con algún aspecto relacionado de sus vidas. El santo, al igual que otros escritores apocalípticos, hace coincidir en esa lista el final de la Iglesia de Roma con el Fin de los Tiempos. Lo interesante es que todos los indicios muestran que Juan Pablo II es el Papa 110, y tras su sucesor deberá llegar Pedro el Romano, el patriarca del desastre anunciado.

Pese a varias contradicciones, resultan extraordinarias las coincidencias que se establecen entre algunos Papas y las divisas que les otorga la profecía. Citaremos algunas:

— Celestino II, *Ex castro Tiberis* (del castillo del Tiber): El Papa nació en Citta de Castellis, en las márgenes del Tiber.

— Lucio II, *Inimicus expulsus* (enemigo expulsado): Murió defendiendo su capital del asalto enemigo.

— Eugenio III, *Ex magnitudine montis* (de la grandeza del monte): Nació en el castillo de Grammont y pertenecía a la familia Montemagno.

— Adriano IV, *De rure albo* (del campo blanco): Nacido en el pueblo de Saint-Alban.

— Inocencio III, *Comes signatus* (conde señalado): Su nombre era Lotario de Conti di Segni.

— Gregorio IX, *Avis ostiensis* (ave de Ostia): Antes de su elección fue cardenal de Ostia.

— Celestino V, *Ex eremo celsus* (elevado desde ermitaño): Se fue a vivir como ermitaño al Monte Murrone.

— Calisto III, *Bos pascens* (buey que pace): En su escudo aparecía un buey comiendo.

— Gregorio XVI, *De balnes Etruriae* (de los baños de Etruria): Antes de ser nombrado Papa perteneció a la orden camaldunense, fundada en Balneo, Etruria.

— Juan XXIII, *Pastor nautaque* (pastor navegante): Fue patriarca de Venecia.

— Juan Pablo I, *De mediatate lunae* (de la media luna): Albino Luciani nació en la diócesis de Belluno (luna hermosa) y su pontificado duró desde el 26 de agosto, con cuarto creciente, hasta el 28 de septiembre, con cuarto menguante.

— Juan Pablo II, *De labore solis* (el trabajo del sol): Karol Wojtyla vino al mundo durante un eclipse de sol y durante su pontificado se dio uno de los eclipses totales más completos de los últimos siglos, que afectó a casi la totalidad del planeta.

El penúltimo Papa lleva el lema *"De gloria olivae"* (De la gloria del olivo). Algunos querían ver en este lema referencias a un Papa mediterráneo, posiblemente español, saliendo al candelero el nombre de Rouco Varela. Era muy difícil de establecer una analogía, pero muchos coincidían en que sería un Papa mucho más abierto, más pacífico (como el propio símbolo del olivo indica), que disgregaría el poder de la Iglesia adaptándola a las costumbres actuales.

Tras él vendrá Pedro el Romano, en cuyo lema aparece: *"In persecutione extrema Sacrae Romanae Ecclesiae, sedebit Petrus Romanus qui pascet oves in multis tribulationibus; quibus transactis, civitas septicolis diruetur, et judex tremendus judicabit populum"*. Que podría traducirse como: "Cuando la última persecución de la Santa Iglesia Romana tendrá su sede Pedro el Romano, que apacentará sus ovejas en medio de muchas tribulaciones; tras las cuales, la ciudad de las siete colinas será destruida, y el juez temible juzgará al pueblo".

Como vemos, el texto coincide con otras profecías. Incluso Pío X, en su lecho de muerte, predijo que uno de sus sucesores escaparía del Vaticano pasando entre los cadáveres de sus sacerdotes.

¿Llegará con el Papa 112 el fin del mundo? ¿Existe, tal vez, un exceso de celo a la hora de interpretar los lemas que adjudica a los Papas San Malaquías? Nos quedan, todavía, muchos testimonios proféticos, y como se dice en el Apocalipsis de San Juan: "Quien quiera entender, que entienda".

Papa Inocencio X, por Francis Bacon.

Contra Malaquías

Sin embargo, ya desde épocas antiguas, no todos estaban dispuesto a aceptar las visiones de San Malaquías como ciertas. Hasta fines del siglo XVII, la profecía gozó de buena aceptación, tanto por parte del clero como de los fieles; pero en 1669, en París, el P. Claudio Francisco Menestrier, uno de los hombres más eruditos y autorizados de su tiempo, publicó el libro *Refutación de las profecías, falsamente atribuidas a san Malaquías, sobre la elección de los Papas*. Su argumentación se basaba en tres aspectos:

El primer indicio de falsificación es el hecho de que, durante cerca de 450 años, jamás autor alguno hizo la mínima alusión a la profecía. El propio San Bernardo no la menciona, aunque conoció de cerca al santo obispo, escribió su biografía y refirió otros vaticinios detallados de San Malaquías. Ninguno de los otros contemporáneos del santo irlandés, que tuvieron estrechas relaciones con él, menciona la profecía. Tampoco es citada por los historiadores irlandeses posteriores a él. Ni los escritores medievales ni los renacentistas toman en cuenta ese documento que, de haberlo conocido, ciertamente lo hubieran aludido.

El argumento del silencio es corroborado por la comprobación de fallas históricas y teológicas en la presunta profecía. Pues no parece posible que un autor movido por Dios haya introducido en la lista de los Papas a antipapas como: Víctor IV (1159-64), Pascual III (1164-68), Calixto III (1168-78), Nicolás V (1328-30), Clemente VII (1378-94), Benedicto XIII (1394-1423), Clemente VIII (1423-39), Félix V (1439-49). La finalidad misma de la profecía —insinuar la época del fin del mundo— parece opuesta a la aserción de Cristo, que declaró solemnemente que no competía a los hombres conocer los tiempos y momentos dispuestos por la Providencia del Padre (cfr. Hch 1,7). Además, la aplicación de los dísticos a los respectivos Papas se basa en notas bastante accidentales, lo que le da un sabor de arbitrariedad. Así, Nicolás V (1447-55) estaría designado como "De la pequeñez de la luna" por haber nacido de una familia modesta en un lugar llamado Lunegiana; Pío II (1458-64) es llamado "De la cabra y del albergue" ¡por haber sido secretario de los cardenales Capranica y Albergati!, etc.

Las razones negativas: Menestrier y otros historiadores posteriores agregan la explicación probable de cómo pudo haberse dado la falsificación. Debe notarse, en primer lugar, que todas las divisas de los Papas, hasta 1590, aluden a características concretas de cada Pontífice: lugar de nacimiento, origen de la familia, cargos ejercidos antes de la elección, símbolos de sus blasones, etc. Mientras que desde 1590 en adelante, los dísticos se refieren solamente a cualidades morales, cuya aplicación es muy vaga y puede convenir a más de un Pontífice: "Varón religioso", "Fuego ardiente", "Fe intrépida", etc. ¿Qué Papa, no siendo del todo indigno, no merecería estos calificativos? Observada la diferencia entre los oráculos anteriores y posteriores a 1590, se presume que se haya forjado la profecía justamente por ese tiempo.

El triunfo de la muerte, por Pieter Brueghel el Viejo.

El Apocalipsis: la fuente de todos los temores

Se haga caso de las profecías de Malaquías o no, todavía quedan más textos que redundan en esa extraña necesidad de anunciar lo inevitable. Existieron tres más, menos famosas, pero que constituyen otros tantos testimonios curiosos en torno al tema. La primera, en la que no consta el nombre del autor, es una recopilación manuscrita que se conserva en la Biblioteca del Arsenal de París. Empieza por el Papa Pío II (1458-1464) y fija la fecha del fin del mundo en la época del séptimo sucesor de Sixto V, es decir, en la de Gregorio XV, que murió en 1623.

El segundo libro, llamado "de Escaligero", contiene dos vaticinios bastante oscuros que datan del siglo XIII, y cita como último Papa a Urbano VI, que ejerció de 1378 a 1389.

La última profecía, por fin, es atribuida a un tal Joannini, y fue impresa en Venecia en 1600; su contenido es tan fantástico como el de las dos anteriores.

Sus autores, por lo demás, eran personas prudentes, y uno de ellos no dudó en terminar su predicción con ciertas reservas, como si quisiera curarse en salud: "Por lo demás, el Señor, que tiene entre sus manos las propias estrellas del firmamento, es lo bastante poderoso como para cambiar de opinión, si le place".

Aún así, sobre sus cabezas flotaba otro texto escrito unos mil años antes y que sigue desempeñando el puesto principal dentro de las profecías cristianas: El Apocalipsis.

La palabra "apocalipsis" es la transcripción de un término griego que significa "revelación", más exactamente revelación sobre las cosas futuras. Con este título conocemos el texto más importante de las profecías cristianas, del que derivarían posteriormente toda una serie de creencias milenaristas (que más adelante trataremos) y en el que se inspirarían la mayoría (si no todas) de las corrientes de cristianismo esotérico. El género apocalíptico es abundante en la Historia Sagrada, así encontramos valiosos ejemplos en Amos, Ezequiel y en Zacarías; pero si nos centramos en el Nuevo Testamento, es decir, en los textos posteriores al nacimiento de Cristo, el Apocalipsis ocupa la primera posición, salvo un párrafo del evangelio de San Mateo donde Jesús, mirando desde el Monte de los Olivos hacia el Templo, responde a sus discípulos acerca de los signos que anunciarán el fin del mundo y su advenimiento:

> *"¿Ven todo esto? Yo les aseguro: no quedará aquí piedra sobre piedra que no sea destruida. [...] Porque vendrán muchos usurpando mi nombre y diciendo: "Yo soy el Cristo", y engañarán a muchos. Oirán también hablar de guerras y de rumores de guerras. ¡Cuidado, no se alarmen! Porque eso es necesario que suceda, pero no es todavía el fin. Pues se levantará nación contra*

nación y reino contra reino, y habrá en diversos lugares hambre y terremotos. Todo esto será el comienzo de los dolores del alumbramiento".

Guerras, desastres naturales, hambrunas y falsos mesías, aparecen también en el Apocalipsis; pero esta vez el relato de Juan especifica cada uno de los pasos hasta el Final de los Tiempos. Naturalmente, si tenemos en cuenta su estilo poético y oscuro, típico de las profecías, y su redacción en griego popular, la interpretación de sus pasajes se vuelve bastante complicada. Aun así, son muchos los que dedicaron su vida y todos sus esfuerzos a resolver estas dudas, y de sus conclusiones podremos sacar aspectos reveladores.

El Apocalipsis fue redactado durante el reinado de Domiciano, alrededor del 95 d.C., por un tal Juan que sufría el destierro en Patmos a causa de su fe cristiana. Fue San Justino quien, a partir del siglo II, inició la tradición de identificar a este Juan con el San Juan evangelista y apóstol de Jesús. Sin embargo, muchas teorías actuales precisan que existen algunas diferencias teológicas y de estilo que difieren del San Juan de los Evangelios; además, se debe de tener en cuenta la edad, pues el apóstol tenía más o menos la de Cristo y, atendiendo a la datación del documento, el autor debería rondar los cien años, algo muy poco probable en aquella época. Más acertado sería pensar que en realidad se trata de un relato redactado por uno o varios discípulos de San Juan o, como mucho, la transcripción realizada por otro del éxtasis de este último.

En general, estos y otros muchos aspectos hacen realmente complicada cualquier tarea de interpretación. El profeta es evidentemente un hombre, pese a su relación con lo sobrenatural, y lógicamente al describir sus visiones no puede escapar de las influencias religiosas y culturales de la época (la utilización del 7 como número sagrado, etc.); llegando, en algunas ocasiones, a manifestar sus divergencias políticas. El mensaje profético es esencialmente ambiguo, no olvidemos que se trata de una intuición, y, como tal, su veracidad sólo puede ser confirmada cuando los hechos que previó ya acaecieron o se encuentran tan próximos a suceder que los indicios son claramente perceptibles.

Escrito en una de las épocas más sangrientas de la persecución, el Apocalipsis es ante todo un texto destinado a levantar la moral de los cristianos, preparándolos para las tribulaciones que se avecinan, pero otorgándoles la esperanza de que se acerca el día de la salvación.

Tras una visión inicial donde describe la magnificencia del reino de Dios en el Cielo, San Juan dedica siete cartas a las Siete Iglesias de Asia para amonestarlas sobre su comportamiento y llamar su atención sobre la profecía, pues les será de provecho. De esta manera, reprende a Éfeso por su probable reanudación del culto a Diana, a Esmirna dominada por los heréticos judíos, a Pérgamo por su influencia de cultos táuricos... y por parecidos motivos a Tiatira, Sardis, Filadelfia, hasta llegar a la séptima, Laodicea. Es a partir de este momento, cuando se inicia en verdad la profecía, el momento en que una voz se dirige a San Juan y le dice: "Sube acá, que te voy a enseñar lo que ha de suceder después".

San Juan ve a Dios rodeado de los veinticuatro Ancianos y los cuatro Vivientes con rostro de toro, león, hombre y águila. Se le entrega al Cordero un libro de pergamino sellado con siete sellos, pues es el único que lo puede abrir. Al abrir el 1er. sello surge del Este un arquero sobre un caballo blanco, al que se le da una corona; simbólicamente se trata del que inducirá a la guerra entre las naciones. Al abrir el 2o. sello surge del Norte otro jinete sobre un caballo rojo a quien se le da una espada; él provocará la guerra civil y la total devastación. Al abrir el 3er. sello aparece un jinete que viene del Sur sobre un caballo negro y sosteniendo una balanza; él provocará el hambre. El 4o. sello abierto da paso desde el Oeste a un caballo verdoso sobre el que cabalga la peste y siguiéndole el infierno. A estos cuatro jinetes, que prefiguran el comienzo de los dolores, se les da "el poder sobre la cuarta parte de la Tierra, para matar con la espada, con el hambre, con la peste y con las fieras de la tierra" (respecto a los jinetes, es curiosa la identificación que se da en la Edad Media a la hora de representar esta escena: son varios los casos, pero sobre todo se puede percibir claramente en las magníficas ilustraciones del Beato del Burgo de Osma, donde el primer jinete representa a Cristo y el caballo blanco a la Iglesia; tal vez esta adjudicación se base en la aparición posterior también del Rey de Reyes a lomos de un caballo blanco en la batalla final).

Con la apertura del 5o. sello Juan puede ver bajo el altar las almas de aquellos que sufrieron el martirio por seguir a Dios y que exigen justicia. A ellos se les dice que tengan un poco más de paciencia hasta que se complete el número de sus hermanos. Al levantar el 6o. sello, el profeta contempla cómo *"sobrevino un gran terremoto, el sol se volvió negro, [...] la luna entera se tornó en sangre. Y las estrellas del cielo cayeron sobre la tierra [...] y todos los montes e islas fueron removidos de sus sitios"*. Guerras, hambre, cataclismos, epidemias; cualquiera diría que San Juan nos está dando el avance de las noticias de cualquier informativo de la televisión: Enfrentamientos entre israelíes y palestinos en Jerusalén, entre cristianos y musulmanes en Indonesia, rusos y chechenos, americanos e iraquíes, terrorismo, hambrunas en África, el Sida y otras enfermedades víricas, y todo un sinfín de calamidades que ya casi no consiguen perturbar nuestra retina. Con el 7o. sello, se hace "el silencio en el cielo, como una media hora" (¡asombrosa precisión horaria!). Se hace un silencio inquietante, un silencio de suspenso que precede a una destrucción todavía mayor: la de los Siete Ángeles con las Siete Trompetas.

Cuando suena la Primera Trompeta, el pedrisco y el fuego mezclados con sangre caen sobre la tierra abrasando una tercera parte. Una montaña de fuego es arrojada sobre el mar cuando suena la Segunda Trompeta, destruyendo una tercera parte de éste. Con la Tercera, una gran estrella se precipita desde el cielo envenenando los ríos y los manantiales; el nombre de la estrella es Absenta, es decir, amarga. Hasta aquí podemos ver una serie de catástrofes que podrían relacionarse con radiactividad, misiles de guerra biológica, lluvia ácida y contaminación deliberada; pero todo ejército acaba por aparecer después de los bombardeos. Sigue a esta deflagración, con la Cuarta Trompeta, la oscuridad que acompaña al final de un ataque, el humo de los incendios... y un águila que sobrevuela sobre la tragedia, lamentándose de tal destrucción. Pero, entonces, tras lo que podía ser un avión de reconocimiento, se escucha un gran estrépito, es la Quinta Trompeta que convoca a la aviación:

"De la humareda salieron langostas sobre la tierra, [...] eran parecidas a caballos preparados para la guerra; sobre sus cabezas tenían coronas que parecían de oro; [...] tenían corazas como corazas de hierro y el ruido de sus alas como el estrépito de carros de muchos caballos que corren al combate; tienen colas parecidas a las de los escorpiones".

Y tras la aviación, naturalmente, las tropas de tierra con la caballería acorazada al frente. Suena la Sexta Trompeta:

"Así vi en la visión los caballos y a los que los montaban: tenían corazas de color de fuego, de jacinto y azufre; las cabezas de los caballos como cabezas de león y de sus bocas salían fuego y humo y azufre".

¿Son carros de combate camuflados para la batalla? Los colores podrían ser los adecuados para una zona desértica y de piedra rojiza. La descripción de los cañones no creemos que pueda ofrecer ninguna duda.

Aparecen, entonces, los dos testigos enviados por Dios para profetizar durante 1,260 días, después de que los gentiles pisoteen la Ciudad Santa durante 42 meses, que equivalen igualmente a 1,260 días. Ésta es una de las cifras aparecidas en el Apocalipsis y que ha desencadenado más controversia, máxime si se tiene en cuenta que vuelve a repetirse en otro versículo, más adelante. Desde los que transforman los días en años, por lo que al sumar los dos periodos obtienen la cifra de 2,520 años, hasta los que establecen que los dos testigos "cubiertos de sayal" son en realidad dos órdenes religiosas con una antigüedad de 1,260 años. Estos dos profetas serán ejecutados por los habitantes de la tierra, pues sus palabras les disgustarán; pero resucitarán a los tres días y ascenderán al Cielo creando verdadero asombro y pavor.

Con la Séptima Trompeta se anuncia "el tiempo de que los muertos sean juzgados, el tiempo de dar la recompensa a tus siervos los profetas, a los santos y a los que temen tu nombre, pequeños y grandes, y de destruir a los que destruyen la tierra". Se abre entonces el santuario y aparece el Arca de la Alianza; todo acompañado por relámpagos, granizo y temblores de tierra.

Se manifiesta después una mujer, vestida de sol y la luna bajo sus pies, y una corona de doce estrellas sobre su cabeza; está encinta y grita con los dolores del parto. Frente a ella está el dragón que quiere devorar a ese hijo varón que ha de regir a todas las naciones con cetro de hierro. Dios arrebata al nacido hacia su trono y la mujer huye al desierto para ser alimentada "mil doscientos sesenta días". Se suele identificar al varón con el Mesías amenazado por el dragón, Satanás, y a la mujer con Israel, aunque, también, en este paraje se han inspirado artistas para representar a la Virgen.

El dragón le confiere su poder a la Bestia que asciende del mar "con siete cuernos y diez cabezas, y en sus cuernos diez diademas, y en sus cabezas títulos blasfemos", y le da poder de actuar durante, otra vez, "cuarenta y dos meses". La Bestia será adorada por todos los impíos de la Tierra y hará que todos lleven una marca en la mano derecha o en la frente, para que nadie pueda comprar ni vender, sino el que lleva el nombre o el número de la Bestia marcado, el "666". Cualquiera podría pensar en una de esas megacorporaciones bancarias tan de actualidad, formadas a su vez por innumerables empresas (cabezas), y que la marca sea la inevitable tarjeta. Aunque no se pueden olvidar las proposiciones de un famoso "eugenista" (el racismo aplicado a la genética), Premio Nobel por más señas, quien llegó a plantear que las personas llevarán tatuado su código genético en la piel como símbolo de identificación, se supone que incluso bancario. (En este pasaje del capítulo 13 se menciona a una segunda bestia, que junto con la descripción que aparece en el capítulo 7 de Daniel, serían las primeras descripciones del anticristo que "ejerce todo el poder de la primera bestia en servicio de ésta, haciendo que la Tierra y sus habitantes la adoren").

Pasa a describir San Juan las Siete Copas que derramarán las Siete Plagas de la cólera de Dios, que reproducen básicamente los anteriores desastres. Mientras la Bestia convoca a todos los reyes para la batalla del gran día en el lugar llamado en hebreo Harmaguedon. Entonces, ve a *"una mujer sentada sobre una bestia de color rojo, cubierta de títulos blasfemos [...] la mujer estaba vestida de púrpura y escarlata, resplandecía de oro, piedras preciosas y perlas [...] y en su frente un nombre escrito: La Gran Babilonia [...] se embriagaba con la sangre de los santos y con la sangre de los mártires de Jesús".* El ángel le explica que las siete cabezas de la Bestia son las siete colinas sobre las que se sienta la mujer, lo que nos lleva hasta Roma y a relacionar a la Gran Babilonia con la sede papal.

Se anuncia la destrucción de Babilonia por sus pecados, y tras su destrucción se abren los cielos y aparece el varón que había sido engendrado por la mujer coronada por las doce estrellas, a lomos de un caballo blanco, seguido por su ejército. Él capturará a la Bestia y con ella al falso profeta, el anticristo, y un ángel bajará del cielo y encadenará al dragón y a la Bestia, y abriendo el abismo los encerrará durante mil años.

Llegados a estos versículos encontramos la mención a una primera resurrección y al Reino de Cristo a lo largo de un milenio. De estas palabras surgirá la creencia del milenarismo que tuvo una importancia fundamental durante toda la Edad Media y siglos posteriores.

"Cuando se hubieran acabado los mil años, será Satanás soltado de su prisión y saldrá a extraviar a las naciones que moran en los cuatro ángulos de la Tierra, a Gog y Magog, y reunirlos para la guerra, cuyo ejército será como las arenas del mar". Pero esa segunda batalla traerá el triunfo final de Cristo, la eliminación definitiva de Satanás, el Juicio Universal (que tendrá lugar en el valle de Josafat, identificado según la tradición con el valle de Cedrón, donde se encuentran actualmente muchas de las tumbas árabes de Jerusalén, lo que plantea más de una controversia) y la renovación de la tierra, y bajará del cielo la Nueva Jerusalén, la ciudad santa, la Esposa del Cordero, con "una muralla de jaspe y la ciudad es de oro puro semejante al vidrio puro. Los asientos de la muralla están adornados de toda clase de piedras preciosas". Pero no habrá santuario en ella, porque en ella residirá Dios.

Ángel del Beato de Liébana.

DUDAS SOBRE EL VERDADERO PERFIL DEL ANTICRISTO

Si bien es San Juan, en su primera Epístola, el que utiliza por primera vez ese nombre: "ése es el anticristo, el que niega al Padre y al Hijo"; además de advertirnos de su presencia: "el cual han oído que iba a venir; pues bien, ya está en el mundo"; fue el mismo Jesucristo quien se empeñó en prevenirnos de su llegada, aunque parecía referirse a más de uno (tal vez los mencionados por Covarrubias), cuando llegara el tiempo que anunciaba el fin del mundo, tal como se refleja en Marcos 13, Lucas 21 y Mateo 24: "Miren que no los engañe nadie. Porque vendrán muchos usurpando mi nombre y diciendo: Yo soy el Cristo, y engañarán a muchos. [...] Todo esto será el comienzo de los dolores de alumbramiento".

Esta forma de hablar, hizo presuponer a muchos de los primeros cristianos que "el fin estaba cerca"; y puede ser que así lo creyeran muchos de los que lo anunciaban. Rodeados por una cruenta persecución, y sabiendo que eran los elegidos, no era extraño —como ya explicamos—, que ansiaran la llegada del Reino de Dios cuanto antes.

Parecido caso fue el de San Pablo, que en su primera carta a los tesalonicenses, no dudó en personalizar al hablar de la venida del Señor: "Después nosotros, los que vivamos, los que quedemos, seremos arrebatados en nubes, [...] al encuentro del Señor en los aires". Estas afirmaciones provocaron grandes revuelos en la Iglesia de Tesalónica, pues sus fieles llegaron a convencerse de que el fin de los tiempos era inminente. Lo que obligó a San Pablo a escribir una segunda carta, poniendo las cosas en su sitio y en donde hace una referencia directa al anticristo, al que califica de hombre.

> *"Por lo que respecta a la venida de nuestro Señor Jesucristo y a nuestra reunión con él, les rogamos, hermanos, que no se dejen alterar tan fácilmente en sus ánimos [...] Primero tiene que venir la apostasía y manifestarse el Hombre impío, el Hijo de la perdición, el Adversario que se eleva sobre todo lo que lleva el nombre de Dios o es objeto de culto, hasta el extremo de sentarse él mismo en el Santuario de Dios y proclamar que él mismo es Dios.* (Esta referencia a sentarse en el santuario, fue interpretada por muchos como la confirmación de que el anticristo sería un Papa). *"La venida del Impío estará señalada por el influjo de Satanás, con toda clase de milagros, señales, prodigios engañosos, y todo tipo de maldades que seducirán a los que se han de condenar por no haber aceptado el amor de la verdad que los hubiera salvado".*

Aquí entramos a considerar quién podía ser el Hombre impío a quien se refería San Pablo; ya que son muchos los estudiosos que, basándose en esa pretendida inmediatez, no descartan que aludiera a algún contemporáneo, personificado en Calígula, Claudio o Nerón. Lo mismo podría aducirse en el Apocalipsis de Juan, con respecto a Tito y Domiciano.

Por lo demás, como ya indicamos en otros capítulos, las señales que indican la llegada del Fin de los Tiempos y del anticristo, han sido entrevistas en numerosas ocasiones. Muchas de ellas, en particular algunas de las apariciones marianas, han incidido sobre ciertas cuestiones como la pérdida de la fe (apostasía) y el papel preponderante de la Iglesia en esta decadencia; llegando incluso a identificar a un futuro nuncio de Roma con el papel del falso profeta.

El origen de estas teorías identificadoras del papado con el anticristo, surgió a partir siglo XI con los Albigenses y los Fraticelli, siendo apoyadas siglos más tarde por personajes de la talla de Lutero y Calvino. En realidad, tras estas afirmaciones se adivina el empeño en desacreditar al Papa por parte de los protestantes. Pretensión muy extendida en el tiempo, como prueba un documento elaborado en 1861, donde se intenta demostrar que el reinado del anticristo tuvo lugar entre el 19 de febrero y el 10 de noviembre del 607, época en que la Iglesia de Roma se proclamó "Cabeza de todas las Iglesias", bajo el pontificado de Bonifacio III. Súmesele a la fecha anterior los tres años y medio, o 42 meses, o los 1,260 días (bisiesto más, bisiesto menos) que da de plazo el Apocalipsis, y nos encontraremos con que el mundo se terminó hace 133 años y no nos hemos enterado. Como ya dijimos, y lo reiteramos, las profecías esconden algo más que visiones.

Pero no menos oportunistas fueron los partidarios de la fe católica, a la hora de utilizar al anticristo para denunciar a sus opositores. Para ello utilizaron la cifra con que se le designa en las Escrituras: el 666, para indicar como perversos ciertos acontecimientos históricos relacionados con ella. De esta forma, la primera aparición del número se identifica con la fecha alrededor de la cual giran los principales logros del Islam (conquista de Jerusalén y edificación del Domo de la Roca sobre la explanada del Templo), una religión que no aceptaba la divinidad de Jesucristo. La segunda aparición de la cifra, en el año 1332, coincide con el periodo de la Reforma Protestante y su ruptura con los dogmas de la Iglesia católica. En cuanto a la tercera aparición, en 1998, dejamos al libre albedrío la consulta de nuestros lectores de algún anuario de esa fecha; aunque atendiendo a lo indeterminado del método, puede que la manifestación del falso profeta todavía no se halla realizado.

Como dijera su Santidad el Papa Juan Pablo II en Fulda, Alemania, en el año 1980 en relación con el secreto de Fátima:

> "Debemos prepararnos para sufrir dentro de no mucho, grandes pruebas, las cuales exigirán de todos nosotros la disposición de hacer donación de la propia vida (martirio) y una dedicación total a Cristo y por Cristo. Con su oración y la mía, es posible mitigar nuestra tribulación, pero no será posible evitarla, porque sólo así la Iglesia podrá ser efectivamente renovada [...] cuantas veces de la sangre ha brotado la renovación de la Iglesia. Esta vez no será de otra forma".

ADVERTENCIAS MARIANAS A LA IGLESIA

La Virgen también parece empeñada en advertirnos sobre lo cercano que está el final de los tiempos y cómo debemos prepararnos, si no queremos caer en las garras del maligno. Varias han sido las apariciones que se han ido sucediendo en los dos últimos siglos, ofreciendo mensajes revelados que no siempre eran del gusto de la jerarquía eclesiástica. Posiblemente, porque muchas veces aparecía en ellos como ejemplo de esa degeneración del pueblo de Dios.

El auge del fenómeno mariano se compone de toda una sucesión de acusaciones, advertencias y descalificaciones, donde la superchería se mezcla con la estrategia religiosa y política, con un fin que no está muy claro, pero que sí utiliza siempre como *"leit motiv"* el Final de los Tiempos.

Tres de las cuatro grandes apariciones marianas tuvieron lugar en Francia, entre el siglo XIX y el XX; en una nación que, ostensiblemente, había sufrido la mayor represión anticlerical de Europa, como consecuencia de la Revolución Francesa. Inmersa en una orgía de sangre que se extendería con motivo de las guerras napoleónicas, la situación de las ideas religiosas pasaba por uno de sus peores momentos, abatida por las persecuciones y el auge de las ideas liberales. Quizás fue por eso que el Cielo, contemplando aquella situación, se decidió a intervenir para amonestar a los hombres por su abandono de la fe, advirtiéndoles de las terribles consecuencias que les acarrearía tal comportamiento. Para tan ardua tarea escogió a un heraldo que no despertara una excesiva hostilidad, sino por el contrario, que pudiera evocar en la humanidad el recuerdo del amor y la ternura; y quién mejor que una madre, la madre más gloriosa: la Virgen. Pero si con esto no fuera suficiente, buscó como receptora de su mensaje a la más arquetípica imagen de la inocencia: una niña o una muchacha de la que nadie pudiera desconfiar.

Este esquema se repetirá en todas las apariciones: A pesar de aparecer acompañada de otros muchachos o muchachas, la principal protagonista siempre será una niña, a quien la Virgen le transmitirá un mensaje con dos fases bien diferenciadas: por un lado, el aviso de grandes catástrofes, en su mayor parte apocalípticas; y por otro, la prescripción del remedio para evitarlas. Igualmente, la manifestación siempre se realizará a través del éxtasis, gracias al cual los videntes contemplarán la aparición de una imagen que, con pocas variaciones, ofrecerá el aspecto de una dama vestida de blanco que flotando en el aire emite una luz sobrenatural.

La corta edad de los protagonistas nos hace dudar de que se trate de alguna clase de mimetismo; pero nunca podría asegurarse. Influencias familiares, oraciones y relatos escuchados desde la más tierna infancia, podrían condicionar la naturaleza de las descripciones. Lo que no puede negarse es el prodigioso cambio que se observa en los testigos de una aparición. Contrariamente a lo que podía esperarse en unos adolescentes que en su mayoría proceden de un bajo estrato social, tras la experiencia de la visión, demuestran una capacidad de lenguaje (incluso para aprender idiomas, como en el caso de sor Lucía) realmente inusual para su corta edad; expresando conceptos muy elaborados, además de un inexplicable conocimiento de cuestiones políticas y sociales.

Este modelo base de las apariciones tuvo su origen en una callejuela del barrio de Saint Germain, en París, donde se encontraba el convento de las Hermanas de la Caridad. Allí aguardaba a realizar sus votos una novicia de muy pocos años llamada Catherine Labouré. En la noche del 18 de julio de 1830, oyó la voz de un niño que provenía de la capilla; al acercarse para ver de quién se trataba, tuvo su primera visión. En ella la Virgen le reveló que "La Cruz será despreciada, un río de sangre inundará las calles y el mundo terminará abatido por la desolación". A la semana siguiente, la Virgen se apareció de nuevo ante Catherine, apoyada sobre la bola del mundo y rodeada por una frase que orbitaba a su alrededor: "Oh María, sin pecado concebida, ruega por nosotros que a Ti acudimos". De sus manos surgían dos rayos de luz, tenía el pecho atravesado por una espada y a su espalda, coronado de espinas, refulgía el Sagrado Corazón de Jesús. Entonces, le dijo a la novicia: "Quiero que hagas acuñar una moneda con todo lo que estás contemplando, prometiendo grandes dones a todos cuantos la lleven rodeando su cuello".

Sería el comienzo de la devoción a la Virgen de la Medalla Milagrosa; y con ella, de "La Era Mariana", tal como la bautizó Juan XXIII.

La Virgen de la Salette pasa al ataque

La historia de esta aparición se inicia en los Alpes Franceses, en la pequeña localidad de Corps. Melania Calvet, que contaba apenas catorce años, y otro joven de once llamado Maximino Giraud, un 19 de septiembre de 1846, decidieron construir un pequeño refugio de piedra donde guarecerse, muy cerca de donde pastaban tranquilamente las vacas que estaban a su cuidado. Como lo habían adornado con flores, resolvieron ponerle el nombre de "Paraíso"; y bajo su protección se pusieron a comer. Se trataba de dos muchachos humildes, sin ninguna formación, que se expresaban en el dialecto francés de aquella región que abarcaba por entero los estrechos límites de su vida. Tras una siesta reparadora, comprobaron que las vacas se habían alejado, y Melania descendió hacia ellas. Fue entonces cuando:

> "Vi una hermosa luz, más brillante que el sol, y apenas tuve tiempo de avisar a Maximino. [...] Miraba esa luz que era inmóvil y percibí dentro otra luz mucho más brillante que se movía, y en esa luz, sentada sobre nuestro "Paraíso", con la cabeza entre las manos, estaba una hermosa señora. [...] Inspiraba respeto. Me atraía hacia sí. Su mirada era dulce y penetrante. Sus ojos hablaban con los míos, pero la conversación provenía de un vivo y profun-

do sentimiento de amor, una expresión de amor que mis palabras no aciertan a describir. [...] Su vestimenta era de plata brillante; no era material, estaba formada de luz y de gloria, y oscilaba a la vez que relampagueaba. [...] Me pareció como una buena madre, llena de ternura, de amabilidad, de amor para nosotros y de compasión. [...] Llevaba una hermosa corona de rosas; pero las rosas cambiaban continuamente; y de cada rosa salía una luz tan bella que extasiaba. [...] En su cuello llevaba una cruz con la imagen de nuestro Señor, y de esa cruz emanaban dardos ardientes que traspasaban mi corazón del deseo de confundirme con Él".

Todo esto sucedió el 18 de septiembre de 1846, y así lo narró Melania a sus amos al día siguiente. Lo curioso de ésta y otras apariciones, es que son las autoridades eclesiásticas de la zona quienes aclaran a los videntes que la dama es en realidad la Virgen; sin embargo, los niños se limitan a describirla como una "hermosa dama". (Sería interesante plantear los múltiples casos de manifestaciones femeninas en los cultos paganos desde la antigüedad; pero no es el objeto principal de este libro).

Es entonces cuando la Virgen —llamémosla así—, transmite su mensaje a Melania. Un mensaje que habla del cansancio de Dios con el comportamiento de los hombres y su penar porque ella ya no puede evitar el castigo: "Me veo obligada a dejar caer el brazo de mi Hijo. Es tan pesado que ya no puedo detenerlo más". Sigue después el pasaje más polémico, repleto de duras acusaciones contra la jerarquía eclesiástica y que provocó el fuerte rechazo de obispos como monseñor Fava y monseñor Ginoulhiac, llegando a afirmar que el mensaje de Melania era producto de la enajenación mental. La Iglesia y su príncipe, León XIII, taparon la cosa como pudieron, admitiendo sólo ciertas partes del mensaje —obviamente las que no les concernían—, sustituyendo la Regla solicitada por Melania por la de los Padres de La Salette. Muchos de los seguidores de la vidente murieron en trágicas y misteriosas circunstancias, que acrecientan las sospechas sobre oscuras actividades de la Iglesia. En cuanto a la pastora de La Salette, siguió reafirmándose en lo dicho hasta el final de sus días. Así, escribió en 1879: "Vendrá un día en que la dulce Virgen María triunfará, y en el momento menos pensado".

En cuanto a los comentarios de la Virgen sobre la Iglesia, no puede extrañarnos que provocara la cólera entre los aludidos. Y la Virgen parecía ser consciente de ello, porque dio instrucciones muy precisas:

> "Melania, lo que voy a decirte ahora, no será siempre secreto; puedes publicarlo en 1858. Los sacerdotes, ministros de mi Hijo, por su mala vida, por sus irreverencias y su impiedad al celebrar los santos misterios, por amor al dinero, por el amor a los honores y a los placeres, los sacerdotes se han vuelto cloacas de impureza. Sí, esto clama venganza y la venganza pende sobre sus cabezas. [...] Los guías del pueblo de Dios han descuidado la oración y la penitencia, y el demonio ha enturbiado sus mentes".

Ese comportamiento de los miembros de la Iglesia acarrearía todo tipo de desgracias, pues los sacerdotes, inmersos en el fango de sus propias iniquidades, permanecerían impasibles ante los intentos de los gobernantes por hacer desaparecer todo principio religioso y sustituirlo por el materialismo, el ateísmo, prácticas paganas y toda clase de falsas visiones. Las consecuencias serían nefastas para el mundo y la propia Iglesia:

> "La Iglesia pasará por una tremenda crisis. [...] El demonio utilizará todo su maléfico poder para introducir en las órdenes religiosas a personas entregadas al pecado, pues los desórdenes y el amor a los placeres carnales reinarán sobre la Tierra. [...] Habrá guerras hasta la guerra final, que se hará por los diez reyes del anticristo. [...] Que nacerá de una religiosa hebrea, de una falsa virgen que tendrá comunicación con la vieja serpiente, la señora de la impureza; su padre será obispo. [...] El santo Padre sufrirá muchísimo, pero estaré con él hasta el fin para recibir su sacrificio".

He aquí las consecuencias de un clero corrupto. Sin embargo, el final de su mensaje, es una llamada a la esperanza depositada en los verdaderos creyentes, una convocatoria a los puros para que vengan a solucionar el problema:

> "Pero los hijos de la Fe, mis legítimos imitadores, crecerán en el amor a Dios y en las virtudes que me son más queridas. [...] Yo llamo a los Apóstoles de los Últimos Tiempos. Es la hora de que salgan y vengan a alumbrar la Tierra".

Tras estas afirmaciones hay quien vislumbra una intención totalmente reaccionaria, que aboga por la restauración de la monarquía francesa. Se alude a una sentencia del 15 de abril de 1855, en la que se demuestra que la supuesta virgen era en realidad una aristócrata llamada Mademoiselle de la Merlière. Sin embargo, la respuesta de Maximino al obispo de Grenoble no dejaba lugar a dudas de su convicción: "La Virgen me ha dicho que lo cuente, no que me crean".

El contraataque: la Virgen de Lourdes

Cuatro años después de revelarse los mensajes de las apariciones de La Salette, Bernadette Soubirous, una niña de catorce años que vivía en Massabielle, cruzaba el río Gave cuando escuchó un extraño ruido que salía de una cueva cercana. Al entrar, se topó con la visión de una "hermosa señora". A pesar del asma que la aquejaba corrió hasta su pueblo y les contó a todos su visión. Era el 11 de febrero de 1858. Tres días más tarde, se sintió invadida por una inmensa angustia que la impulsaba a subir de nuevo a la cueva; pero esta vez la acompañarían sus familiares y algunos parroquianos de su pueblo, que llegando al lugar comenzaron a rezar el rosario. Bernadette experimentó una nueva visión.

No obstante, según la propia niña, la primera vez que la Virgen se dirigió a ella fue el 18 de febrero. En su mensaje le transmitía la promesa de que en el otro mundo alcanzaría la total felicidad. Un anuncio tranquilizador, que en nada se acercaba a los terribles designios y las graves acusaciones de la aparición de La Salette, que tanto revuelo habían causado en el seno de la Iglesia.

Tras varias apariciones, en una de las cuales la Virgen indicó a la niña que excavara en la cueva, de donde surgió el milagroso manantial, Bernadette, se atrevió a preguntarle a la dama por su identidad. La demanda se repitió en tres ocasiones hasta que la "hermosa señora" contestó: "Soy la Inmaculada Concepción".

Miel sobre hojuelas para la Iglesia. La aparición de la Virgen no cuestionaba la actuación de los sacerdotes y simplemente se ceñía a confirmar una cuestión que durante siglos había ocasionado fuertes controversias con sus enemigos: la Inmaculada Concepción. El Papa se apresuró a instaurarlo como dogma.

Siguieron a las apariciones la construcción de una basílica, inaugurada en 1866, y la canonización de Bernadette por Pío XI en 1933. Como puede comprobarse, una postura muy diferente de la que se adoptó con el milagro de La Salette.

Sin embargo, tras este bálsamo de serenidad, la apacible situación de la Iglesia se vería prontamente alterada por otra aparición; pero esta vez en tierras lusas, en la pequeña localidad de Fátima.

Los perturbadores secretos de Fátima

Aunque son innegables los nexos que unen a las apariciones de Fátima y de La Salette, este milagro goza del mayor prestigio dentro de la Iglesia católica. Los prodigios que lo rodean y la trascendencia de sus revelaciones han afectado de manera muy directa a toda la comunidad creyente, logrando captar la atención internacional incluso entre sectores totalmente alejados de cualquier creencia religiosa. Prueba de ello es que todavía, en los albores del nuevo milenio, ciertos aspectos sobre su interpretación siguen originando las más agrias polémicas.

La fascinación y controversia que produce el fenómeno de Fátima se manifiesta hasta en el origen de su patronímico. Al parecer, la localidad debe su nombre a la protagonista de un antiguo romance sobre la reconquista de Portugal. Fátima era la hija de un poderoso príncipe musulmán que resultó capturado por el cruzado Gonçalo Hermingues. El amor surgió entre los dos jóvenes y la hija del príncipe adoptó la fe cristiana y se casó con el caballero. Sin embargo, la joven murió al poco tiempo y el caballero entristecido ingresó en la orden cisterciense (¡llevaban mucho tiempo sin aparecer en estas páginas!). Años más tarde, el cruzado convertido en monje, fundaría un pequeño priorato donde trasladó los restos de Fátima. El lugar donde se instaló, conservó para siempre el nombre de su amada.

¿Para el mayor milagro contemporáneo de la fe católica un nombre musulmán? ¿Un cruzado que ingresa en un monasterio regido por la regla de San Bernardo, el gran protector de los Templarios? ¿Después de tres apariciones en tierras francesas, la Virgen escoge al país que albergó a más caballeros de la Orden, tras la feroz persecución desatada contra ellos en los inicios del siglo XIV?

Al igual que en la aparición de La Salette, el panorama que ofrecía la situación mundial y del país donde se dio la manifestación de Fátima se caracterizaba por las grandes convulsiones políticas. Portugal se hallaba inmerso en un agrio enfrentamiento entre republicanos y tradicionalistas, que culminaría en pocos años con la instauración del gobierno autoritario del general Carmona y, más tarde, la dictadura de Oliveira Salazar; en Rusia estaba a punto de estallar la Revolución Comunista; y medio mundo se hundía abatido bajo los desastres de la Primera Guerra Mundial.

Fue en este convulso escenario, un 13 de mayo de 1917, cuando Lucía, de 10 años, y sus primos Jacinta y Francisco, de 9 y 6 respectivamente, se enfrentaron a un sobrecogedor acontecimiento mientras jugaban inocentemente en las cercanías de la Cova de Iria. Tras lo que parecía ser el destello de un relámpago, se vieron envueltos en una intensa luz que los atravesó, a través de la que pudieron percibir a una señora con blancas vestiduras que surgía de una pequeña encina. Ante el temeroso asombro de los niños, les comunicó que los hombres deberían rezar el rosario para conseguir que terminara la terrible guerra que estaba asolando al mundo. Esta dama les dijo que aparecería en el mismo lugar seis veces más, el día 13 de cada mes.

El 13 de julio, en la tercera aparición, la Virgen (al menos fue reconocida como tal) les reveló a los niños, junto a los que se encontraba un numeroso grupo de personas atraídas por los sucesos, un secreto que sólo deberían revelar cuando ella lo dispusiera, y además les anunció que el 13 de octubre de ese año se produciría un gran milagro, como prueba de que todo lo acontecido era voluntad divina. Durante esa aparición la Virgen mostró a los niños el infierno, junto a otras visiones apocalípticas, y les comunicó una serie de disposiciones:

> "Cuando vean una noche alumbrada por una luz desconocida, sepan que es la señal que Dios dará a los hombres porque se acerca el castigo a la humanidad. Volveré dentro de poco para anunciar la consagración de Rusia a mi Inmaculado Corazón".

Temiendo que aquellas aglomeraciones y los prodigios que la gente refería no fueran otra cosa que un complot orquestado por los reaccionarios, las autoridades republicanas prendieron a los tres niños durante dos días, en los que fueron sometidos a un intenso interrogatorio sobre la naturaleza de tales secretos. Sin que exista constancia de que éstos confesaran, ya liberados, pudieron asistir, el 13 de octubre, al esperado encuentro donde la Virgen realizaría el prodigio anunciado. Según declararon algunas de las 70,000 personas que allí se congregaron, a pesar de que llovía torrencialmente Lucía les pidió a todos que cerraran los paraguas antes de rezar el rosario, cosa que hicieron, comprobando asombrados que nadie se mojaba. Después, tras la aparición de la Virgen a los niños, tuvo lugar el milagro de "la danza del sol", ante la sorprendida mirada de miles de personas que no daban crédito a sus ojos al ver cómo el astro rey oscilaba en el firmamento. Todas las apariciones serían calificadas como verdaderas por la Iglesia el 13 de octubre de 1930; justamente, y como si fuera fundamental la adecuación al número 13, el décimo tercer aniversario del prodigio.

Años después de las muertes prematuras —profetizadas por la Virgen— de Francisco y Jacinta, en 1919 y 1920; Lucía, que contaba entonces catorce años, ingresó en las Hermanas Doroteas. El 25 de octubre de 1925 iniciaría su postulado en España, realizando sus votos perpetuos el 3 de octubre de 1934. A partir de ese momento, y durante su estancia en el arzobispado de Tuy (Pontevedra), inició la redacción de cuatro libros de memorias en los que relataba que "el secreto" se componía de tres partes, dos de las cuales revelaría, y que hacían mención a las visiones del infierno, la conversión de Rusia, la devoción al Inmaculado Corazón de María y otros anuncios apocalípticos. Sin embargo, sobre la tercera parte, "el tercer secreto", dijo "No tengo permiso para hablar". Esta negativa provocó la extrañeza de su confesor, el canónigo Galamba, consejero del obispo de Leiria, quien reiteradas veces solicitaría a Lucía que escribiera el mensaje. Cuando, en 1944, Lu-

Niños videntes de Fátima.

cía iba a ser sometida a una grave intervención en la clínica Marescot de Pontevedra, atendiendo a los temores de Galamba de que el mensaje se perdiera, la vidente, con autorización de la Virgen, accedió a redactar la tercera parte del secreto. El documento fue entregado al obispo de Gurza, quien lo transmitió al obispo de Leiría con la precisa indicación de que debería ser hecho público en 1960. Pero entonces, como siempre que algo amenaza el *status* de la Iglesia, apareció el Santo Oficio y, en 1957, reclamó el documento a través de la Nunciatura Apostólica de Lisboa. A partir de ese momento, y tras la muerte de Pío XII en 1958, tanto Juan XXIII como Pablo VI, no juzgaron oportuna la difusión del mensaje. Sin embargo, este último sí cree conveniente (y he aquí una de las pruebas que refutan la futura redacción revelada) mostrárselo a John F. Kennedy (USA), McMillan (UK) y Kruschev (URSS), que poco después firmarían el primer tratado acerca de la restricción de las pruebas nucleares.

De una manera u otra, el "tercer secreto" había sido incluido en el índice de libros prohibidos; y, pese a que

Pablo VI, el 15 de noviembre de 1966, revocó los artículos 1399 y 2318 del Código Canónico que prohibían la difusión de libros o textos sobre profecías que todavía no fueran autorizadas por la Iglesia, parece ser que esa libertad de publicación no afectaba a lo escrito por sor Lucía. Ninguno de los Papas anteriores a Juan Pablo II estuvieron dispuestos a que se revelara. Tanto Juan XXIII, que incluyó una nota junto al mensaje donde afirmaba: "No quiero ser profeta de calamidades", como Juan Pablo I, que en su peregrinación de 1977 a Cova de Iria quedó profundamente afectado. El mismo cardenal Ratzinger, auténtico cerebro en la sombra del Vaticano (y que no es la primera vez que ve recaer sobre su persona las alusiones al anticristo), declaró en 1985 que "Publicar el tercer secreto significaría exponer a la Iglesia al peligro del sensacionalismo, a una explotación del contenido". Obviamente, todas estas aprensivas declaraciones auguraban algo más sustancioso que lo que tiempo más tarde se nos querría hacer pasar por el verdadero contenido del postrer secreto de Fátima.

Lourdes.

Manipulaciones en torno al tercer secreto

El lunes 26 de junio de 2000, el cardenal Joseph Ratzinger presentaba al mundo entero el texto completo del "tercer secreto de Fátima" revelado a la hermana Lucía dos Santos por la Virgen en la famosa Cova de Iria. Según las propias palabras del prelado, y para que nadie lo creyera engaño, "no se revela ningún gran misterio ni se predice el futuro (?). [...] Tras una lectura cuidadosa del texto, para muchos será una desilusión, luego de todas las especulaciones sobre el contenido del mensaje". Pero, eso sí, sor Lucía respaldaba las interpretaciones del Vaticano de la profecía y sobre la mediación de la Virgen para evitar la muerte del Papa Juan Pablo II en la Plaza de San Pedro, el 13 de mayo de 1981 (nótese la coincidencia con la fecha de la primera aparición).

La devoción de Juan Pablo II por la Virgen de Fátima era incuestionable. Convencido de que debía su vida a la mediación de esta Virgen, tras su convalecencia hizo colocar una imagen de Fátima en la frontera de Polonia mirando hacia Rusia, y la consagró al Sagrado Corazón, siguiendo los dictados de la profecía, el 25 de marzo de 1984. También ordenó engarzar la bala que le había disparado Mehmet Ali Agca, en la corona de la Virgen, como muestra de agradecimiento. Sin embargo, y pese a su fe inquebrantable, antes de su ansiada visita a Fátima, el 13 de mayo de 2000, para beatificar a Francisco y a Jacinta, donde tendría oportunidad de encontrarse con sor Lucía, envió a monseñor Tarcisio Bertone, Secretario de la Congregación para la Doctrina de la Fe (que eran los custodios hasta el momento del manuscrito original) y a monseñor Serafim de Sousa Ferreira e Silva, obispo de Leiría, a entrevistarse con la anciana pastorcilla; "para hacerle algunas preguntas sobre la interpretación de la tercera parte del secreto" (según sus mismas palabras en carta del 19 de abril de 2000).

¿Qué había que aclarar, después de más de cincuenta años, que no hubiera podido esclarecerse antes? La transcripción de la entrevista celebrada entre los dos monseñores y la monja, el jueves 27 de abril en el Carmelo de Santa Teresa de Coimbra, revela (siempre que sea fiable) a una mujer que responde exactamente y sin dilación a las intenciones de sus interlocutores, incluso aportando nuevos datos que sirvan para eliminar posibles dudas.

"Sor Lucía estuvo de acuerdo en la interpretación según la cual la tercera parte del secreto consiste en una visión profética [...] Reiteró su convicción de que la visión de Fátima se refiere sobre todo a la lucha del comunismo ateo contra la Iglesia y los cristianos, y describe el inmenso sufrimiento de las víctimas de la fe en el siglo XX".

A la pregunta: "El personaje principal de la visión, ¿es el Papa?", sor Lucía respondió que sí, y recordó que los tres pastorcitos estaban muy apenados por el sufrimiento del Papa. [...] Sor Lucía continúa: "Nosotros no sabíamos el nombre del Papa, la señora no nos había dicho el nombre del Papa, no sabíamos si era Benedicto XV o Pío XII o Pablo VI o Juan Pablo II (¡todos parecen de acuerdo en olvidar al incómodo Juan Pablo I!), pero era el Papa que sufría y nos hacía sufrir también a nosotros".

Por lo que se refiere al pasaje sobre el obispo vestido de blanco, esto es, el Santo Padre —como se dieron cuenta inmediatamente los pastorcillos durante la visión (¡hay que insistir, no vaya ser que quede alguna duda!)—, que es herido de muerte y cae por tierra, sor Lucía estuvo completamente de acuerdo con la afirmación del Papa: "una mano materna guió la trayectoria de la bala y el Papa agonizante se detuvo en el umbral de la muerte" (Meditación desde el Policlínico Gemelli a los obispos italianos. Juan Pablo II, 13 de mayo de 1994).

Puesto que sor Lucía, antes de entregar al entonces obispo de Leiria-Fátima el sobre lacrado que contenía la tercera parte del "secreto", había escrito en el sobre exterior que sólo podía ser abierto después de 1960, [...] Mons. Bertone le preguntó: "Por qué la fecha tope de 1960? ¿Ha sido la Virgen quien ha indicado esa fecha?" Sor Lucía respondió: "no ha sido la señora, sino yo la que ha puesto la fecha de 1960, porque según mi intuición, antes de 1960 no se hubiera entendido, se habría comprendido sólo después. Ahora se puede entender mejor. Yo he escrito lo que he visto, no me corresponde a mí la interpretación, sino al Papa".

¿Podría alguien explicarnos qué pasaba por la mente de sor Lucía cuando en 1934, enfrentándose a la curiosidad de toda la Santa Madre Iglesia, se negó a revelar la tercera parte del secreto, aduciendo que "No [tenía] permiso para hablar"? ¿No tenía permiso de sí misma? Afirmaciones de ese tipo contradicen bastante las descripciones preliminares de la entrevista, donde se describe a sor Lucía como "lúcida y serena". Parece, más bien, una mujer amedrentada, que responde lo que se ha pactado y que, ante la primera dificultad, se disculpa con un "Yo he escrito lo que he visto, no me corresponde a mí la interpretación, sino al Papa". Un escalofrío recorre su nuca, como si presintiera la omnipotente presencia de Ratzinger a su espalda.

Dos cosas pueden deducirse de este extraño circo montado alrededor del "tercer secreto" de Fátima: O la Iglesia ha decidido cambiar de estrategia y adaptarse al estilo mediático de los nuevos tiempos, aceptando —como los noticieros— que la única noticia-profecía que interesa es la que sucede aquí y ahora; o el contenido del secreto de Fátima, como el mensaje de La Salette, le atañe demasiado y peyorativamente como para divulgarlo en unos tiempos que, precisamente, no le son muy propicios. En realidad, como cualquier profecía, el texto "oficial" del la última parte del secreto contiene un lenguaje tan alegórico que cualquiera podría arriesgarse a una interpretación. Lo que pasa es que, tras tantos años de especulaciones, la versión de la Iglesia suena demasiado a oportunismo; quizás partan de ahí los temores expresados por Ratzinger en 1985. En cuanto al texto, escrito por la hermana Lucía en 1944, dice así:

"Jesús, María y José. Tercera parte del secreto revelado el 13 de julio de 1917 en la Cueva Iria-Fátima.

Escribo en obediencia a Vos, Dios mío, que lo ordenáis por medio de Su Excelencia Reve-

rendísima el Señor Obispo de Leiria y de la Santísima Madre vuestra y mía.

Después de las dos partes que ya he expuesto, hemos visto al lado izquierdo de Nuestra Señora un poco más en lo alto a un ángel con una espada de fuego en la mano izquierda; centelleando emitía llamas que parecía iban a incendiar el mundo; pero se apagaban al contacto con el esplendor que Nuestra Señora irradiaba con su mano derecha dirigida hacia él.

El ángel señalando la tierra con su mano derecha, dijo con fuerte voz: ¡Penitencia, Penitencia, Penitencia! Y vimos en una inmensa luz que es Dios: 'algo semejante a como se ven las personas en un espejo cuando pasan ante él o a un obispo vestido de blanco', hemos tenido el presentimiento de que fuera el Santo Padre.

También a otros obispos, sacerdotes, religiosos y religiosas subir una montaña empinada, en cuya cumbre había una gran cruz de maderos toscos como si fueran de alcornoque con la corteza; el Santo Padre, antes de llegar a ella, atravesó una gran ciudad medio en ruinas y medio tembloroso con paso vacilante, apesadumbrado de dolor y pena, rezando por las almas de los cadáveres que encontraba por el camino.

Llegado a la cima del monte, postrado de rodillas a los pies de la gran cruz fue matado por un grupo de soldados que le dispararon varios tiros de arma de fuego y flechas; y del mismo modo murieron unos tras otros los obispos, sacerdotes, religiosos y religiosas y diversas personas seglares, hombres y mujeres de diversas clases y posiciones.

Bajo los brazos de la cruz había dos ángeles, cada uno de ellos con una jarra de cristal en la mano, en las cuales recogían la sangre de los mártires y regaban con ella las almas que se acercaban a Dios".

Como puede comprobarse, el texto tiene más que un cierto parecido con la profecía de San Malaquías sobre Pedro el Romano y las últimas palabras de Pío X, en su lecho de muerte, donde predijo que uno de sus sucesores escaparía del Vaticano pasando entre los cadáveres de sus sacerdotes. ¿Quiere esto decir que sor Lucía se dejó influir por ciertas lecturas a las que, seguramente por la experiencia vivida, su curiosidad la llevó a consultar? ¿Sería, acaso, que una parte del tercer secreto hacía mención, como el de La Salette, a la corrupción de la Iglesia, y se prefirió desviar la atención hacia otro objetivo?

Tal vez la propia Virgen de Fátima nos dé la respuesta en su séptima manifestación, tal como prometió a los pastorcitos, y que todavía no ha tenido lugar. Salvo que haya preferido cambiar de escenario.

Juan Pablo II con sor Lucía de Fátima.

Garabandal contra la censura de la Iglesia

San Sebastián de Garabandal es un pequeño pueblo de Cantabria, a 600 metros sobre el nivel del mar, en las laderas de la Peña Sagra, muy próxima a los Picos de Europa. Hay quien dice que la Virgen decidió aparecerse en esta pequeña localidad, en 1961, ante la negativa de la Iglesia de revelar el tercer secreto de Fátima en la fecha que ella había designado; y que los mensajes que siguieron a sus apariciones no fueron más que la continuación del empeño divino por advertir al hombre del desastre que se avecina; un empeño, por cierto, en claro enfrentamiento a quien se supone representante de Dios en la Tierra.

Pese a las iniciales posturas de oposición por parte de ciertos sectores de la Iglesia, que temblaron ante la idea de una "herencia" de La Salette; la postura actual de la Iglesia es mucho más prudente, limitándose a informar que las apariciones de Garabandal se encuentran "en estudio".

La historia, o el modelo, se repite, pues fue una tarde del 18 de junio de 1961 que cuatro niñas (Conchita, Mari Loli, Jacinta y Mari Cruz), con edades comprendidas entre los 12 y 11 años, jugaban distraídamente en un paraje conocido como Los Pinos cuando, tras un fuerte estruendo, se les apareció el arcángel San Miguel. Las apariciones se repitieron hasta que el arcángel les anunció que la Virgen se manifestaría en aquel lugar a las 6 de la tarde del domingo 2 de julio. Las niñas comunicaron a sus familias lo acontecido y, naturalmente, la noticia se esparció rápidamente en la pequeña población. La tarde fijada, las cuatro niñas, acompañadas de una multitud de personas que habían llegado de los pueblos limítrofes, en cuanto dieron las seis, cayeron en éxtasis. Más tarde pudieron describir la visión en la que aparecía una dama de infinita belleza; era la Virgen vestida de blanco y con un manto azul, y sostenía en su brazo derecho al Niño Jesús. Desde 1961 hasta 1965 se sucedieron varias apariciones de la Virgen en las que manifestaba advertencias y castigos por la pérdida de la fe y el comportamiento de la Iglesia:

> "Antes el cáliz se estaba llenando, ahora está rebosando. Sacerdotes, padres y cardenales, muchos de ellos toman el camino de la perdición y se llevan muchas almas con ellos. A la Eucaristía se le presta menos y menos importancia. Debemos cambiar para evitar la ira de Dios. Si piden perdón sinceramente desde su alma, Él los perdonará".

Junto a varias profecías y un gran milagro, al que precedería una gran advertencia que sería presenciada por todo el mundo:

"Como una colisión de dos estrellas que no caerán. Asustará a toda la humanidad, estén donde estén al momento que esto ocurra. Será miles de veces peor que los terremotos, como un fuego interno que no quemará su carne. Durará sólo un corto tiempo [...] Parecerá un castigo o un juicio, pero es una purificación, como la revelación de nuestros pecados. [...] No nos matará, pero si morimos será por la emoción dentro de nosotros. La fecha no se ha revelado; sólo se sabe que sucederá antes del anuncio del milagro".

Ese milagro se hará para ayudar a la conversión del mundo, y la Virgen manifestó que antes vendrían tres Papas (Pablo VI, Juan Pablo I y Juan Pablo II; por lo que está próximo). Será un milagro espectacular, mayor que el de Fátima, que durará entre 10 y 15 minutos y ocurrirá un año después de la advertencia; un jueves a las 20:30, entre el 8 y el 16 de marzo, abril o mayo. Visible desde Garabandal y las montañas de alrededor, los enfermos que lo presencien recuperarán la salud y los no creyentes recobrarán la fe. Como prueba de este milagro quedará una señal en los pinos de Garabandal que permanecerá hasta el fin del mundo. Un fin del mundo que, según la cuarta profecía, será más terrible de lo que nunca podamos imaginar y que dependerá de si hicimos caso a las advertencias anteriores.

A partir del 13 de noviembre de 1965 las apariciones cesaron. Pero ya tres años antes, era sólo Conchita la única protagonista de tales revelaciones; las demás niñas, conforme a su entrada en la pubertad, perdieron la capacidad de entrar en éxtasis. Uno de los sucesos más extraordinarios y que fue contemplado por varios testigos, tuvo lugar el 18 de julio de 1962: En cuanto salió de su casa, Conchita cayó de rodillas en un profundo éxtasis, y sobre su lengua apareció la Sagrada Forma, ante la mirada sorprendida de todos los que la acompañaban. Más tarde, en 1966, ingresaría en el Colegio de las Concepcionistas Misioneras de la Enseñanza, donde sufriría varias crisis interiores que, según parece, la llevaron a desdecirse de parte de sus experiencias.

El interés despertado por estas apariciones en ciertos sectores integristas de la Iglesia, sitúa a Garabandal como la posible confirmación de un tercer secreto de Fátima que amonestaría la degradación en la que se sumirá la Iglesia, víctima de la perniciosa influencia de Lucifer. Y confirma la inquietante frase de Pablo VI: "El humo de Satanás ha entrado a la Iglesia".

Junto con las vírgenes de la Medalla Milagrosa, La Salette, Lourdes y Fátima, la Virgen de Garabandal cierra, hasta el momento, un ciclo de capital importancia en la historia reciente de la Iglesia católica. En su mayoría, todas se adaptan a la misma estructura de advertencias, milagros y profecías de futuros castigos; salvo las transformaciones sufridas, en las que parece tener mucho que ver la propia Iglesia. En cuanto a las innumerables apariciones posteriores, hasta el día de hoy, no han merecido una especial atención por parte de la jerarquía eclesiástica, ya que no cumplen un fundamental requisito como es la corta edad de los videntes, que garantiza la ausencia de fraude en unas revelaciones que contienen datos fuera del alcance de los conocimientos de un niño. Tanto las apariciones en la aldea de Medjugorje, en Bosnia-Herzegovina (por citar una de las más célebres), como las más cercanas de Umbe, en Vizcaya, el Escorial o el Palmar de Troya, parten de revelaciones captadas por videntes adultos, donde la manipulación o fenómenos de histeria hacen muy difícil un análisis un poco serio. Además, y como prueba de que muchos de estos casos esconden otras motivaciones que las específicamente marianas, empieza a ser normal la identificación entre muchas de estas supuestas apariciones y la presencia de extraterrestres; algo que muestra su carácter puramente coyuntural. Lo mismo podríamos decir de los mensajes con un claro tinte ecológico o muy cercanos a posturas ideológicas de reciente creación.

Videntes de Garabandal.

NOSTRADAMUS Y EL FIN DEL PAPADO

Se cuenta que en uno de los numerosos viajes que realizó Nostradamus durante su vida, sucedió la curiosa anécdota que demuestra que ya empezaban a manifestarse sus dotes adivinatorias: Al parecer, en un polvoriento camino de Italia se cruzó con un monje franciscano. En cuanto lo vio, Nostradamus se apeó de su mula y se puso de rodillas frente al fraile. Ante el desconcierto de éste, el vidente dijo: "Es conveniente doblar la rodilla ante el Papa". Veinte años más tarde, aquel joven fraile se convertiría en el Papa Sixto IV.

Al parecer, el gran genio profético también desarrollaba sus actitudes con los futuros papables, y la prueba es que su capacidad visionaria tocaría más de una vez el tema, incluso refiriéndose al final de la Iglesia.

En Michel de Notredame, más conocido como Nostradamus, nos encontramos con uno de los personajes que han hecho correr más tinta durante los últimos siglos. Sus predicciones se reeditan cada año innumerables veces y son traducidas a casi todos los idiomas; como si en plena era tecnológica siguieran teniendo una validez fuera de discusión. Muchos recordarán la profusión de documentales, artículos de revistas, ensayos e incluso algún largometraje, dedicados a su persona en 1999, cuando se acercaba la fatídica fecha de lo que la mayoría confundió con el cambio de milenio, para más tarde imponerse la cordura de su celebración en la noche del 31 de diciembre del 2000.

Sin duda, se puede afirmar que lo que ha provocado la enorme fascinación sobre el personaje y su obra, ha sido la amplitud y lo pormenorizado de sus predicciones, llegando a una exactitud realmente pasmosa.

Nostradamus nació el 14 de diciembre de 1503, en la localidad provenzal de Saint-Remy. La familia era de judíos conversos, más para prevenir la incautación de sus bienes que por convencimiento religioso. Su apellido deriva de la costumbre judía de adoptar el nombre del lugar donde vivían, y tal fue el que eligió su abuelo al residir en el barrio de Notre-Dame en Aviñón. Sin embargo, fue su otro abuelo, Jehan de Saint-Remy, médico personal del rey Renato y del duque de Calabria, el que influiría decisivamente en su educación. Desde muy pequeño fue instruido en las ciencias astrológicas y el conocimiento de las plantas medicinales, además de aprender con soltura latín, griego y hebreo. Se especula, también, con que fue iniciado en ciertos ritos mágicos y en la lectura de libros esotéricos; nada de extrañar en los ambientes judíos del momento.

Matriculado en la Facultad de Medicina de Montpellier desde 1521, abandonó la universidad poco antes de conseguir la licenciatura para atender a los enfermos provocados por la peste en el Languedoc. Durante cuatro años ejerció como médico en Narbona, Toulouse y Burdeos, destacando en la utilización de medidas higiénicas que hasta muchos años después no serían de uso normal en la medicina. Finalizada la epidemia, volvió a Montpellier para conseguir su título. Fue entonces cuando se decidió a recorrer el Languedoc vendiendo todo tipo de preparados medicinales, perfumes e incluso filtros amorosos, que nos hacen presuponer su conocimiento de las artes alquímicas. Posiblemente, datan de estos años las noticias de su paso por ciertos enclaves cátaros y templarios de la zona, incluido Rennes-le-Château. Tales eran los resultados de sus pócimas, que su fama llegó hasta Aquisgran, donde residía uno de los más prestigiosos sabios de la época: Jules Cesar Scaliger, quien lo mandó llamar.

Trasladado a Aquisgran contrajo matrimonio del que tuvo dos hijos. Pero la desgracia pronto se cebó en la pareja y los dos retoños fallecieron, para poco más tarde, en 1539, morir también su mujer. Fue entonces cuando Nostradamus emprendió una serie de viajes, en los que recorrió parte de Italia y Francia, aportando sus valiosos conocimientos como médico en las numerosas pestes que se declararon durante aquellos años.

Es su amistad con Scaliger la que plantea los primeros enigmas. Según muchos estudiosos, fue este insigne científico quien introdujo a Nostradamus en los círculos de las sociedades secretas herederas de la Orden del Temple, seguramente en alguna logia perteneciente a los Rosacruces. Basándose en este hecho, grandes especialistas en el tema de los templarios, como Louis Charpentier, afirman que las profecías podrían tratarse de una especie de manual de instrucciones, donde se indica que acontecimientos deben realizarse obligatoriamente para conseguir un objetivo para esta orden; tal vez, por eso, su infabilidad. Lo cierto es que a lo largo de sus múltiples desplazamientos, Nostradamus, demostró una extraña facilidad para conocer personas en sitios que nunca antes había visitado y ser acogido con las mejores atenciones; todo lo cual nos hace pensar en su pertenencia a alguna sociedad secreta que le prestaba esta asistencia.

En 1547, y tras presentarle su hermano una joven y rica viuda, llamada Anne Posart Gemelle, contrajo segundas nupcias y se instaló en Salon, en una acomodada casa en la Rue de la Poissonerie. Allí pondría en marcha un próspero negocio de cosméticos que le daría la tranquilidad ansiada tras tantos años dedicados a la medicina. Tenía la edad de 44 años. Sería entonces cuando por las noches dedicaría todo su tiempo a las artes adivinatorias y a la redacción de sus célebres cuartetas, que comenzarían a publicarse en 1555. Aunque también se encargó de escribir otra clase de libros como su tratado sobre *Los aceites y olores para embellecer la cara* o *La Epístola al muy Invencible, muy Poderoso y muy Cristiano Enrique Segundo, Rey de Francia.* Esta prolijidad ha sembrado más de una duda sobre la verdadera autoría de las predicciones; no obstante, si acudimos al interesante documento que es la carta dirigida a su hijo César, podemos encontrar una descripción bastante exhaustiva sobre las razones e implicaciones de su método adivinatorio.

En ella, Nostradamus da fe de sus facultades adivinatorias y de los problemas que se le plantearon por su revelación:

> *"Desde tiempo atrás, y muchas veces, he predicho con bastante anticipación y señalando los lugares, acontecimientos que se produjeron efectivamente en ellos, facultad que nunca dejé*

de adjudicar a la gracia divina; que, también, he proclamado la inminencia de varias calamidades que se produjeron tal como yo afirmé en las zonas que había designado; que más tarde he preferido quedar en silencio y no transmitir al mundo mis predicciones, [...] porque los reinos del porvenir se mostrarán bajo imágenes tan insólitas y cambiarán tanto con relación a los presentes [...] que si hubiera tratado de describirlos tal como serán en su tiempo, las generaciones futuras, quiero decir las más próximas, [...] no hubieran creído oír lo que oían y hubieran llegado a condenar una descripción".

Quizás por miedo a esa condena, a que lo tomaran por loco o endemoniado, fue por lo que Nostradamus oscureció sus descripciones. Bien es verdad que la publicación de sus cuartetas le proporcionó un gran éxito y prosperidad, incluyendo entre sus devotos a Catalina de Médecis y Enrique IV; pero no eran tiempos para que un "adivino" de procedencia judía olvidara las precauciones.

Nunca quiso compararse con un profeta. Mas no podía negar la posesión de ciertos conocimientos que hacían posible predecir en cierto modo el futuro, y describe en qué forma le llegan estas visiones, aunque, naturalmente atribuyéndolas a la "gracia divina":

"Te diré que existe otra clase de predicción oculta, que nos llega oralmente y bajo la forma poética del sutil espíritu del fuego. Esto nos llega en algunos momentos, como consecuencia de un mayor conocimiento de lo que en realidad

son los astros, ese sutil espíritu del fuego se apropia de nuestro entendimiento. Entonces nuestra atención se vuelve más vigilante y muy especialmente a las percepciones del oído: comenzamos a oír frases con carencia rítmica, sin ningún temor y olvidando toda vergüenza, largas series de sentencias, perfectas ya para ser escritas. [...] Lo cual resulta también de este hecho supremo: una Realidad Total que reúne en sí todos los tiempos. Pero por lo mismo que esta eternidad es indivisible, los impulsos continuos que de ella emanan no pueden sino inscribirse, con todo rigor aunque de manera simbólica en el movimiento de los astros: de aquí la posibilidad de llegar a la causa para quien posee el conocimiento de este movimiento".

Según parece, Nostradamus escribía al dictado, como en una revelación. Eso alejaría las suspicacias sobre su sospechosa prolijidad. Pero que nadie lo crea un engaño: ninguna de sus predicciones son fruto de artes prohibidas o ajenas a la aprobación de Dios, pues como mucho proceden de conocimientos que se han parapetado en la discreción:

"Guárdate de la magia, esa vanidad más que execrable, reprobada por las Santas Escrituras y por los divinos cánones; exceptuando la Astrología Judiciaria (la que se aplica a los pronósticos) que no está incluida en esa condenación, y que ha sido el tema de mis continuos cálculos. Es gracias a la Astrología y mediante la inspiración y revelación divina, que he redactado las

presentes profecías. Y aunque esta rama de la Filosofía secreta no sea, en lo que ella misma concierne, de ninguna manera reprobada, me he guardado muy bien de llevarla hasta donde pudiera presentarse como presuntuosa y desenfrenada en sus especulaciones extremas; a pesar de que muchas obras que tratando de esas especulaciones, escondidas durante largos siglos habían llegado a mis manos".

¿Y quién le proporcionó esos tratados ocultos durante siglos? ¿Por qué, como afirma más adelante, los quema tras haberlos utilizado? Se trata posiblemente de un conocimiento transmitido entre sociedades secretas y al que ha tenido acceso por un motivo que desconocemos. ¿Tal vez revelar un proyecto que sólo puede ser comprendido totalmente por los iniciados?

Naturalmente, si es cierta tal presunción no sería Nostradamus quien la revelaría. Habiendo alcanzado los más altos cargos gracias a su fama, médico y consejero real, moriría el 2 de julio de 1566. No sin antes, claro está, haber predicho su muerte. "Mañana —le dijo a su discípulo Chavigny—, mañana ya no me verás con vida al sol naciente". Y al día siguiente lo encontraron en su gabinete, "completamente muerto junto al lecho y al banco", exactamente como figura escrito en la última de sus cuartetas.

Tampoco reveló nunca cuál era el sentido de algunas de sus misteriosas cuartetas referidas al futuro de la Iglesia.

Nostradamus empieza a ocuparse de los últimos días del papado con una cuarteta cuyo primer verso se refiere a Pio XI.

Centuria V, 42

Después de la sede mantenida diecisiete años,
cinco cambiarán en tal girado término,
luego será elegido del mismo tiempo,
quien de los romanos no está muy conforme.

Pío XI murió el 10 de febrero de 1939, después de diecisiete años exactos de regir la Iglesia católica, del 6 de febrero de 1922 al 10 de febrero de 1939. Después de este Papa, Nostradamus profetiza en la misma cuarteta cinco Papas más, y dice del último de ellos que los romanos no estarán contentos con él. Esta cuarteta es muy importante porque expone tres periodos de tres tiempos después de los diecisiete años de Pío XI. Su sucesor, Pío XII, dirige la Iglesia del 2 de marzo de 1939 al 9 de octubre de 1958, durante diecinueve años y siete meses, estableciendo un nuevo periodo. Dice Nostradamus que cinco cambiarán en ese mismo término, y efectivamente, Pío XII, el primero, llega hasta 1958; Juan XXIII, el segundo, llega hasta junio de 1963; Pablo VI, el tercero, hasta el 6 de agosto de 1978; Juan Pablo I, el cuarto, desde el 25 de agosto hasta el 28 de septiembre de 1978; y Juan Pablo II, el quinto, comenzó en octubre de 1978. Los cinco cambios se producen en un período de otros diecinueve años, once meses, o sea, que no llegaron a cumplirse veinte años.

Después dice Nostradamus: “Luego será elegido del mismo tiempo”. ¿Sería Juan Pablo II el elegido del mismo tiempo? ¿Un Papa que de los romanos no sería demasiado conforme? ¿Quizás esa disconformidad venía alimentada por una extraña muerte que también Nostradamus pudo predecir?

Centuria X, 12

Elegido Papa del elector será burlado,
súbitamente con frecuencia emocionado
dispuesto y tímido.
Por demasiado bueno y dulce a morir provocado,
temor oprime la noche de su muerte guía.

Esta profecía podría encajar bien con Juan Pablo I. Nostradamus dice que fue asesinado de noche por ser demasiado bueno. Murió a los 33 días de asumir el cargo en 1978.

En la epístola dirigida a Enrique II, Nostradamus habla de tres anticristos distintos. Generalmente se piensa que el primero fue Napoleón. El segundo Hitler. El tercero todavía no llega, y es precisamente al que está dirigido esta cuarteta:

Pronto el anticristo destruirá a los tres,
veintisiete años su guerra durará,
los incrédulos estarán muertos, cautivos, exiliados;
con sangre, de los cuerpos humanos, el agua
y la lluvia roja, cubren la tierra.

No es esto una visión agradable de nuestro futuro. Según algunos autores, implícitamente los tres de los cuales habla el profeta son los hermanos Kennedy, de los cuales dos murieron. Solamente queda Edward. La guerra de 27 años a la cual hace referencia Nostradamus no durará posiblemente mucho tiempo. Es probable que este periodo corresponda al tiempo que se necesita para que cese la radiactividad después de una explosión nuclear.

El último verso parece encerrar una verdad atroz, desde el momento en que se piensa que cuando las bombas atómicas fueron lanzadas sobre Hiroshima y Nagasaki, los sobrevivientes declararon que enormes gotas de lluvia negra y llenas de pólvora caían sobre las ciudades. Sin ir muy lejos, el gran profeta llamó a esto la lluvia roja.

Por supuesto que el tercer anticristo podría referirse a las profecías de la Virgen María a Fátima, y también a la expresión "lluvia roja".

En cuanto a la predicción del Fin del Mundo y el Fin de la Iglesia, Nostradamus nos habla de ello en la Quinta centuria:

Cuarteta 73

Perseguida será de Dios la Iglesia,
y los santos templos serán expoliados,
al hijo, la madre pondrá desnudo en camisa,
serán árabes a los polones unidos.

¿Qué se esconde realmente tras estos crípticos versos? Si hemos de creer a los que nos auguran un panorama tan tétrico, nos falta, ciertamente, muy poco para saberlo. Sin embargo, será mejor que nos agarremos a perspectivas más reales, que no son por ello menos misteriosas.

¿El siguiente Papa sería del Opus?

Si alguna organización puede preciarse de haber sido la mayor beneficiaria durante el papado de Juan Pablo II es sin duda el Opus Dei. Su estatus de "diócesis supranacional" institucionalizó su poder y radicalizó la guerra intestina en el Vaticano. Todo empezó con el escándalo financiero del banco pontificio IOR-Ambrosiano, dirigido por monseñor Paul Marcinkus y confirmado en su puesto por Wojtyla.

Las responsabilidades de Juan Pablo II aún estaban por clarificarse. Lo único que se sabe es que la quiebra del Banco Ambrosiano fue una colosal estafa que costó a los acreedores y a los contribuyentes italianos 287 millones de dólares, y a los fieles de la Iglesia al menos 241 millones de dólares. La estafa fue posible por la objetiva connivencia de la banca papal, y el IOR sólo pudo ser cómplice gracias a la aprobación —implícita o explícita— de Juan Pablo II.

El escándalo del IOR-Ambrosiano costó la vida a Roberto Calvi. Si se trató de un suicidio, monseñor Marcinkus estuvo entre quienes empujaron a Calvi a su desatinado gesto. En cualquier caso, "el pontífice polaco no pronunció una sola palabra de cristiana congoja ni de humana piedad por la muerte violenta del banquero católico-masón, que durante tantos años había negociado en nombre y por cuenta de las finanzas vaticanas.

Tampoco tras la bancarrota y la muerte de Calvi (en junio de 1982) el Papa Wojtyla estimó oportuno renovar la cúpula, los métodos y las finalidades de su banca personal. Es más, atribuyó a monseñor Marcinkus el nuevo cargo de gobernador del Estado Vaticano. Un amigo del Santo Padre, entretanto, se afanaba para impedir que salieran a la luz nuevas pruebas de las responsabilidades de la banca papal en el asunto del IOR-Ambrosiano.

La facción masónico-curial (integrada en la logia P2) tenía cada vez mayores dificultades a causa del asunto del IOR-Ambrosiano (banco del Vaticano). La Iglesia de Roma había sido arrastrada a un escándalo monumental: una bancarrota de más de mil millones de dólares, un escenario de masonería y criminalidad financiera internacional, y un banquero ahorcado en Londres con una puesta en escena esotérica. Un drama cuyo principal protagonista había sido el arzobispo Paul Marcinkus, banquero personal de Juan Pablo II y representante destacado de la facción "masónica" de la Curia vaticana.

A esto se unía el escándalo del petróleo, que estalló en Italia en el otoño de 1980, con el arresto del general comandante de los "carabinieri", Raffaele Giudice, afiliado a la P2 y artífice de una estafa petrolera a la Hacienda Pública de más de dos billones de liras, y que acabó por rozar, a comienzos de 1983, al Vaticano a través de uno de los presuntos jefes de la ente masónico-curial, el vicario de la diócesis de Roma, cardenal Ugo Poletti.

En diciembre de 1982 el vicario de Juan Pablo II había sido interrogado por los magistrados de la fiscalía de Turín en la basílica de San Juan en Laterano (es decir, en territorio vaticano), en relación con una carta que había enviado años antes el presidente del Consejo de Ministros, Giulio Andreotti, para solicitar el nombramiento del general Giudice al mando de los "carabinieri". El purpurado negó haber escrito semejante misiva y se proclamó del todo ajeno a los hechos.

De la fiscalía de Turín trascendió la noticia de que los magistrados estaban en posesión tanto de la carta de Poletti como de la respuesta del honorable Andreotti, y la prensa se hizo eco de la filtración. Entonces el purpurado dispuso difundir a través de la Vicaría de Roma un desmentido oficial.

El desmentido de la Vicaría era una ostensible mentira. En efecto, en el curso de un segundo interrogatorio, el 13 de enero de 1983, los magistrados enseñaron al desfachatado vicario del Papa una copia de las dos cartas (tanto la manuscrita de Poletti como la respuesta del honorable Andreotti) y el purpurado no pudo más que admitir su autenticidad. En el verano de 1974 Giudice recibió el nombramiento de comandante general de los "carabienieri".

El frente central del desencuentro entre las dos facciones eran los nombramientos de obispos y cardenales. También aquí el nuevo poder del Opus Dei se manifestó con decisión, discreto pero inexorable, sellado por las periódicas audiencias, públicas y privadas concedidas por el pontífice al prelado de la Obra, monseñor Álvaro del Portillo.

Juan Pablo II, durante el consistorio del 2 de febrero de 1983, nombró cardenal a monseñor Alfonso López

Trujillo, arzobispo colombiano, enemigo jurado de la Teología de la Liberación y muy próximo al Opus Dei. El 12 de abril designó arzobispo de Madrid al prelado de origen vasco Ángel Suquía Goicoechea, muy cercano al Opus Dei, y el siguiente 20 de agosto nombró obispo al sacerdote peruano del Opus, Juan Antonio Ugarte Pérez, con el cual ascendían a cinco los obispos oficialmente miembros de la Obra (y todos hispánicos).

En ocasión de un viaje del Papa a Managua en 1979, la posición de la Iglesia sobre los sacerdotes Miguel d'Escoto y Ernesto Cardenal, los dos miembros del gobierno sandinista, quedaría perfectamente fijada: "Mientras ejerzan sus funciones públicas (los dos sacerdotes) se abstendrán en público y en privado del ejercicio del ministerio sacerdotal", decía la Santa Sede en abierta oposición a los cargos desempeñados por ambos hombres.

La facción opusdeísta quería que la peregrinación papal a Managua fuera una ejemplar cruzada antimarxista, en tanto que la masónico-curial estaba empeñada en tutelar la evolución sociopolítica y religiosa en un país cuya situación era compleja e incandescente. Este enfrentamiento había comportado la llamada al Vaticano del nuncio apostólico en Managua, el arzobispo Andrea Cordero Lanza di Montezemolo, para consultas.

En la capital nicaragüense, el 4 de marzo, Juan Pablo II fue recibido por el gobierno sandinista, que dirigía Daniel Ortega. Frente al Santo Padre el ministro sacerdote Ernesto Cardenal se arrodilló, pero el pontífice le reservó un estallido de ira: "¡Ponga en orden su situación con la Iglesia!". Lo intimidó con evidente brusquedad al tiempo que lo señalaba con el dedo.

Poco después, durante la solemne misa al aire libre en la plaza Diecinueve de julio de 1979, Juan Pablo atacó frontalmente a la Iglesia Popular y a la Teología de la Liberación, y reclamó tanto del clero como de los fieles la obediencia a los obispos y al Papa. Desde la multitud se elevaron exclamaciones de desacuerdo, que el pontífice acalló con un imperioso "¡Silencio! ¡Silencio!" Alguien vociferó: "¡Queremos la paz y la queremos en esta vida!", y Juan Pablo II repuso con impaciencia: "¡La Iglesia es la primera en querer la paz!" El discurso del pontífice se vio interrumpido una y otra vez por otros gritos y protestas. Eran muchos los católicos nicaragüenses que sostenían a la Junta sandinista y a la Iglesia Popular, pero el Santo Padre se mostraba inflexible.

El 6 de noviembre de 1984, el prefecto de la Congregación para la Doctrina de la Fe (antiguo Santo Oficio), cardenal Joseph Ratzinger, salió a la luz. Lo hizo de una manera inusual: mediante una entrevista realizada por el periodista afín al Opus Dei, Vittorio Messori; y sus palabras cayeron como una bomba. El jefe de la CDF anunció que la "primavera conciliar" de la Iglesia debía darse por concluida.

Atento a distinguirse de las posiciones más reaccionarias, el cardenal no llegaba a la osadía de abjurar abiertamente del espíritu innovador del Concilio Vaticano II, pero opinaba que había dado lugar a degeneraciones ya inaceptables. La facción opusdeísta acogió como una liberación el expeditivo dictado restaurador del heredero de los inquisidores, pero sin ninguna sorpresa. En efecto, se trataba de una maniobra ampliamente acordada tres años antes (cuando se había confiado a Ratzinger el sillón de prefecto del ex Santo

Oficio), y en curso desde hacía algún tiempo. Una restauración que, por un lado, asumía plenamente las posiciones anticonciliares del Opus Dei contra los denominados "desórdenes y decadencia modernista" de la Iglesia, y por el otro ponía fin a las volubles incertidumbres doctrinarias del Papa Wojtyla provocadas por la facción masónico-curial. Una coincidencia integrista que permitirá al cardenal Ratzinger permanecer pegado al sillón de prefecto del CDF durante todo el largo pontificado de Juan Pablo II, y ser uno de los candidatos fuertes de la Obra para la sucesión del Papa polaco.

Después de la restauración sancionada y oficializada por el cardenal Ratzinger, la escalada del Opus Dei al poder vaticano inició una nueva etapa decisiva el 4 de diciembre de 1984, cuando Juan Pablo II nombró como nuevo director de la Oficina de Prensa de la Santa Sede —y, por tanto, único portavoz papal— a un periodista español licenciado en medicina: el laico Joaquín Navarro-Valls, miembro numerario de la Obra.

Esta designación, deseada por el Opus, provocó fortísimas tensiones en el interior del Vaticano, porque en aquel punto la cercanía del Opus Dei al Papa Wojtyla se había convertido en una verdadera tutela cotidiana.

El poder vaticano de la facción masónico-curial, afectado otra vez de manera marginal, se veía agredido por la Obra mediante una estrategia envolvente: el pontífice mediático de los viajes pastorales se dirigía al mundo a través de un portavoz del Opus Dei.

En efecto, la Oficina de Prensa de la Santa Sede se transformó enseguida por obra de Navarro- Valls en un gabinete de dirección mediática. Además de aportar a la Oficina de Prensa del Vaticano comprensión de los medios de comunicación occidentales que había escapado a los miembros del clero que le habían precedido, Navarro-Valls se ganó enseguida la confianza del Papa, con quien mantenía contactos más frecuentes que cualquier otra persona, a excepción de monseñor Dziwisz.

"El responsable del nombramiento de Navarro-Valls como portavoz del Papa había sido monseñor Martínez Somalo, apoyado por el secretario del pontífice, monseñor Dziwisz. Las denodadas resistencias del cardenal Casaroli y de monseñor Silvestrini habían resultado vanas. La facción curial intentó ponerse a la radical "reforma mediática", pero sin éxito. La Oficina de Prensa, en manos del Opus Dei, se separó de la entonces Pontificia Comisión para las Comunicaciones Sociales y se convirtió en un departamento autónomo de la Secretaría de Estado, bajo las órdenes directas del pontífice. Joaquín Navarro-Valls reestructuró los dicasterios y potenció las estructuras de la Oficina de Prensa, que transformó en un supereficiente megáfono opusiano dedicado a la mistificación y a las "verdades oficiales".

El portavoz papal del Opus Dei se convirtió en la sombra parlante de Juan Pablo II en el Vaticano, y sobre todo en sus giras por el mundo, durante esos frenéticos viajes pastorales, de los cuales el teólogo Raimundo Panikkar dijo que no eran explosiones populares espontáneas, sino manifestaciones organizadas mediante acuerdos tecnológicos y políticos con la ayuda de millones de dólares y de todo el aparato organizativo de la Iglesia.

A mediados de los años 80, el creciente poder del Opus Dei en el Vaticano constituía sólo un aspecto del expansionismo de la organización integrista —no por casualidad apodada como el "pólipo de Dios"— dentro de la Santa Iglesia Romana. La lenta labor de la

Obra avanzaba silenciosa e inexorable, tanto en el interior como en el exterior del Vaticano, con la partícipe bendición de Juan Pablo II.

Con el favor del Papa Wojtyla, en los últimos tiempos el Opus Dei se había enriquecido con nuevos campamentos base a partir de los cuales podía seguir su escalada hacia más sólidas posiciones de poder. El Papa autorizó, por ejemplo, la fundación de una nueva facultad de Teología en Roma, el Centro Superior de Estudios Eclesiásticos, filial de la Universidad de Navarra, la más poderosa institución cultural de los rectores de las universidades pontificias existentes: la Gregoriana de los jesuitas, la Angelicum de los dominicos, la Antonianum de los franciscanos, las universidades Salesiana, Urbaniana y Lateranense. Todos respondieron de manera negativa. Sin embargo, la decisión papal fue positiva. Como título académico el Opus Dei había propuesto la licenciatura. Juan Pablo II hizo aún más: ordenó el doctorado, lo máximo. El objetivo de la nueva fundación universitaria era institucionalizar, en el paisaje "pluralista" de las teologías desarrolladas y enseñadas en Roma, una "teología segura" de estilo tradicionista, pero con el lenguaje modernizador del "estilo Opus".

Por otra parte, el Opus Dei no tiene problemas financieros. Hace poco consiguió organizar un encuentro internacional sobre Iglesia y mundo económico en el Vaticano, junto con el cardenal Joseph Höffner de Colonia, presidente de la Conferencia Episcopal Alemana, que confió al Opus una parroquia de la ciudad, el Instituto de Economía Alemana (órgano científico de la patronal alemana), la Fundación Adenauer y la Unión Internacional Cristiana de Directivos de Empresas. Un simposio faraónico, que concluyó con una teologización de la economía de mercado, también como modelo para los países en vías de desarrollo, y con un ataque frontal a la Teología de la Liberación (estaban invitados el cardenal Eugenio Sales y los obispos Karl Romer y Boaventura Kloppenburg, adversarios de esa corriente en América Latina).

La expansión de la telaraña opusdeísta sobre la Iglesia acentuaba la preocupación y la alarma en vastos sectores de la jerarquía eclesiástica. En realidad, las evidentes ambigüedades del Opus Dei eran tantas y tales que suscitaban alarma, como demostró Giancarlo Rocca al publicar 53 documentos secretos de la Obra fechados de 1934 a 1983. Las revelaciones publicadas por Rocca que más han irritado al Opus conciernen, probablemente, a las pruebas del control jerárquico interno sobre todas las actividades económicas, aunque ocultadas bajo diferentes etiquetas. El Opus siempre había negado esta responsabilidad. Los documentos atestiguan, en cambio, que hasta las sociedades auxiliares (incluidos los bancos) propiedad de grupos de afiliados al Opus están bajo control de la autoridad jerárquica del instituto y deben ser visitadas al menos cada cinco años por el administrador general.

El Opus siempre ha negado tener el secreto como vínculo básico. Ahora se sabe que en 1974 Álvaro del Portillo, entonces procurador general del Opus, pidió al Vaticano la posibilidad de cubrir con el secreto casas, obras y afiliados, incluso en relación con los obispos, y que obtuvo una respuesta favorable de la Congregación de los Religiosos.

Se hacía creer que los miembros del Opus gozan de la más absoluta libertad. En cambio, revela Rocca, "para ellos existe la obligación, sancionada por un juramento particular, de pedir consejo a su superior en cuestiones de cierta gravedad que afectan al ejercicio de su profesión o sobre otros asuntos, aunque no sean materia directa del voto de obediencia".

Amparado en ese secreto, el poder laico y eclesiástico del Opus Dei no ha cesado de crecer ante la turbación general en la Iglesia. Por eso, después del nombramiento, el domingo 28 de octubre de 2003, de 31 nuevos cardenales por el papa Juan Pablo II, los fieles de la Iglesia católica se preguntaban cuáles eran las posibilidades de que el futuro Pontífice fuese miembro del Opus.

Ningún cardenal se postula para ser Papa, por lo menos no públicamente. Y aunque el Papa es un monarca, no hay un príncipe heredero designado para sucederlo. Así que, cada vez que el Papa nombraba nuevos "príncipes" de la Iglesia, se desataban las conjeturas. En esa ocasión, los nuevos nombramientos eran urgentes por la delicada salud del Santo Padre, de 83 años y que en octubre cumplía su 25 quinto aniversario al frente de los más de 1,000 millones de católicos en el mundo.

Escudo papal.

¿La guerra que predijo Malaquías?

¿El Opus contra un Papa mexicano?

En la lucha secreta por el trono de Pedro, parecía fortalecerse la postulación del cardenal mexicano Norberto Rivera Carrera ante la férrea resistencia de los sectores ultraconservadores, y emergían las condiciones que coincidían con las diferentes profecías que hablan del penúltimo Papa.

Desde 1999 se había iniciado la oculta campaña electoral para la sucesión del Papa Juan Pablo II, en medios informativos clericales y económicos del mundo. Una campaña que se intensificó por la debilidad en la salud del Santo Padre que, incluso, en su quinta visita a México, redujo su agenda a la canonización de Juan Diego, y 24 horas después, a la beatificación de dos oaxaqueños en la misma Basílica de Guadalupe.

Un indicio de que se había iniciado la carrera en la sucesión papal que parecería tener bajo control el Opus Dei fueron los esfuerzos para mantener con vida a Karol

Wojtyla, por lo menos hasta la fecha de la canonización de José María Escrivá de Balaguer, con la intención de impulsar al trono pontificio a su candidato, el cardenal italiano Angelo Sodano.

La visita del Papa a México destacaba el esfuerzo realizado por el cardenal Norberto Rivera Carrera, que impulsó y defendió primero la beatificación y después la canonización del indígena Juan Diego, lo que lo situaba en el liderazgo de una América Latina controlada por el Opus Dei.

La elevación a los altares del indígena mexicano respondía a la política vaticana de enfrentar el avance de las sectas, según la declaración papal del 23 de marzo de 2001, que amenazaba un mercado de 500 millones de católicos angustiados por la crisis económica y la sumisión clerical a la represión oficial, diseñada en el distrito Parioli de Roma, sede de la Prelatura personal del Opus Dei desde 1982.

En el lenguaje simbólico del secretismo clerical, la canonización de Juan Diego representó, entonces, una crítica y acción contraria a los designios de los que impulsaron su candidatura al trono de Pedro en 1978, posterior a la sospechosa muerte del Papa Juan Pablo I, con 33 días de papado seguido de una cadena de muertes para ocultar la corrupción financiera vaticana por todo el mundo.

Además, implicaba el respaldo al discreto trabajo pastoral de Rivera Carrera, por ejemplo, como su visita a la Archidiócesis de Chicago, donde firmó, con el cardenal Francis George, un año después, la histórica "Declaración" para promover las colaboración entre sus archidiócesis con proyección a un trabajo intenso hacia América Latina.

Sin embargo, no eran los únicos elementos que pesaban en los analistas del *The Observer de Londres, Le Monde* de París o *Times* de Los Ángeles para registrar desde 1999 un movimiento secreto en la política vaticana que mencionaba al cardenal Norberto Rivera Carrera como potencial aspirante al trono de Pedro.

Se mencionaba por ejemplo, que el Papa no deseaba que un italiano lo sucediera, por la experiencia de 500 años en que se estancó la Iglesia y concentró sus actividades en Europa, que de ser cierta la versión, la última voluntad papal podría ser respetada por los 125 cardenales que designó en su pontificado, de los 128 purpurados que participarían en el Cónclave, ya que por rebasar los 80 años, 62 cardenales estarían impedidos de participar.

De ser así, el mensaje llevaba destinatario: El Cardenal Angelo Sodano, nacido el 23 de noviembre de 1927 en Isola d'Asti, diócesis de Asti, Italia, y nombrado el 29 de junio de 1991, Secretario de Estado de El Vaticano, posición que usó para reforzar la presencia de su obediencia, el Opus Dei, para cumplir el objetivo de su fundador de "salvar al papado".

A 74 años de su fundación, los 80 mil opusdeístas sentían la posibilidad de cumplir el ideario del español José María Escrivá de Balaguer al tener cercado al polaco Karol Wojtyla con dos mil 500 prelados y seglares de confianza en la Curia Romana con autonomía total al obtener la designación de Prelatura en noviembre de 1982, previa muerte sospechosa de su opositor el cardenal Giovanni Benelli, un mes antes de lograr la designación.

La sospechosa actuación opusdeísta no era nueva. Vladimir Felzmann, ex miembro de la Obra, mostraba el pensamiento de Escrivá de Balaguer, quien le habría sostenido que el cristianismo se salvó del comunismo con la llegada al poder del golpista general Francisco Franco y el apoyo del Canciller alemán Adolfo Hitler, y concluía: "Hitler contra los judíos, Hitler contra los eslavos, significa Hitler contra el comunismo".

El teólogo español Juan Martín Velasco al oponerse a la canonización del fundador opusdeísta, señalaba: "No podemos poner como modelo de vida cristiana a alguien que ha servido al poder del Estado y que ha usado ese poder para catapultar su Obra, que ha dirigido con criterios oscuros —como una mafia de guante blanco— sin aceptar el magisterio papal, cuando no coincide con su manera de pensar".

Diferentes analistas internacionales vincularon a esa "mafia de guante blanco" como intermediaria de la CIA para financiar al Sindicato Solidaridad por medio del, en aquel entonces, cardenal Karol Wojtyla.

Los resultados fueron notorios: La caída del sistema polaco culminó con la desaparición del comunismo soviético y el inicio del poder unipolar de los Estados Unidos, mientras que en el Vaticano moría sospechosamente el Papa Juan Pablo I, después de 33 días en que pretendió retornar a los Principios del Cristianismo Primordial y acercarse a la Iglesia Ortodoxa. Finalmente, asumió el báculo de Pedro el candidato del Opus Dei, Karol Wojtyla.

Es del dominio público que antes de entrar al cónclave del que salió Papa por las maniobras del cardenal Koning, arzobispo de Viena, Wojtyla fue a la Villa de Tevere a rezar a la tumba de Escrivá de Balaguer en busca de su intercesión en las nuevas responsabilidades que adquiriría, en donde inmediatamente fue cercado en la "elección" de sus estrechos colaboradores.

El apoyo fundamental de Sodano en la Curia Roma se encuentra en sus cofrades, el cardenal Español Eduardo Martínez Somalo y en el portavoz, el laico Joaquín Navarro-Valls que crea, elabora y difunde la información con la finalidad de ocultar la influencia de su obediencia en el Vaticano.

Se mencionaba al secretario papal Stanislav Dzjwisz que en los viajes oficiales procuraba saludar a los miembros locales con los usos y costumbres del Opus Dei. El arzobispo de la "Prelatura Personal", Julián Herranz era copresidente del Consejo Papal, mientras el teutón Joseph Ratzinger era la cabeza del Santo Oficio, conocido como Congregación para la Doctrina de la Fe, que destacó en la represión de Hans Kung, Eduard Schilebeeckx y Leonardo Boff, fundadores de la Teología de la Liberación.

Se identificaba también a cuatro capellanes: Joachin Pacheco, Kalus Becker, Fernando Ocaris y Felipe Rodríguez, y con base en *Le Monde Diplomatique* de septiembre de 2001, el Papa había designado a numerosos miembros del Opus Dei como obispos en América Latina: siete en Perú, cuatro en Chile, dos en Ecuador, uno en Colombia, uno en Venezuela y uno en Brasil.

De la influencia mundial de la Obra no se salva ni los Estados Unidos que según denuncias de prensa, en la administración Reagan colocó a sus agentes dentro de la Casa Blanca y reclutó miembros de segunda fila en el Pentágono. Con William Clinton, después de un escándalo político, se aceptó que el hermano del director del FBI, Louis Free Jhon, era el director laico de un gran centro de la Obra en Pittsburg.

La visita del presidente George Bush hijo al Papa Juan Pablo II, adquiría entonces otra dimensión en donde la protección de los intereses económicos (depósitos bancarios, acciones en empresas, reservas de oro en todas las ramas de la producción y el proyecto globalizador del Sistema de la Propiedad Transnacional), parecían convergir con las ambiciones del Opus Dei.

Existe afinidad retórica entre Bush hijo y Sodano. El cardenal escribió a la Organización de Estados Americanos, el 5 de junio de 2001, que "la superación de estrechos egoísmos nacionalistas atraviesa una significativa etapa de profundización con las iniciativas de integración económica regional, especialmente con el proyecto del Área de Libre Comercio de las Américas".

Un Papa adecuado para concretar la globalización que ya empobreció al límite del hambre al 33% de la población mundial y que bendice la salvaje y creciente concentración de la riqueza en los 450 apellidos anónimos de Wall Strett, en donde, El Vaticano es uno de los importantes miembros.

En México, mientras tanto, se consolidaba el Opus con su cercanía al presidente Vicente Fox, quien había inaugurado un centro de la Obra en Acapulco y también había firmado un convenio de colaboración entre el Consejo Nacional de las Artes y la Universidad La Salle, identificada como parte del sistema educativo opusdeísta en su página de Internet, entre otros indicios.

Al igual que en Perú con Fujimori, en donde crearon un frente seglar con una coalición de empresarios, banqueros, políticos y militares, en México creció el IPADE para, supuestamente, formar a los líderes que requiere la integración a los Estados Unidos.

Sin embargo, la voluntad del Papa de que no fuera un italiano el sucesor, parecía ubicarse en el riesgo de que se iniciara un periodo de oscuridad como el de la Edad Media, en donde el poder político y económico se encubriera con la doble moral de predicar la pobreza mientras que se rinde culto a la riqueza material de los miembros opusdeístas.

Era en esa coyuntura posible en donde aumentaban las posibilidades del cardenal mexicano Norberto Rivera Carrera, aunque el sinuoso camino parecía estar peligrosamente empedrado ante la muerte sospechosa del Papa Juan Pablo I y la secuela mortal para ocultar el poder económico y financiero vaticano que envidiaría cualquier imperio en la historia.

Redimirse en el último momento, por medio de que los 125 cardenales con derecho a voto y nombrados por el Pontífice, cumplieran su última voluntad, hubiera sido congruente con su acción de pedir perdón a los judíos y a las víctimas de la Inquisición; así como por los acuerdos con los nazis para callar ante el genocidio y ante la explotación de los indígenas por medio de la canonización de Juan Diego.

Norberto Rivera Carrera.

No obstante, cualquiera que fuera el resultado del cónclave, existían las condiciones para que se cumplieran las diferentes profecías que mencionaban al Papa 111 como "De la Gloria del Olivo", que geográficamente correspondería a España por la producción de aceitunas y a Italia por la manufactura de aceite de olivo.

Las profecías atribuidas a San Malaquías, santo irlandés del siglo XII, advierten que será el penúltimo Papa quien se enfrentará al gran cisma de la Iglesia. Está claro que la elección de cualquier otro tendría la sangrienta resistencia del Opus Dei.